U0570106

出土文獻綜合研究專刊之十六

秦漢簡牘系列字形譜

總檢字表

主　編　張顯成
副主編　王　丹　李　燁
編撰人員　張顯成　王　丹　李　燁
高　魏　劉國慶　雷長巍　滕勝霖
高　明　楊艷輝　陳榮傑　趙久湘

中華書局

目　録

筆畫序總檢字表

一　本總檢字表，供檢索《秦漢簡牘系列字形譜》凡十五個分譜的全部字頭和字頭下的俗寫異體用，由此可檢閱到相關字頭下的全部内容。

二　本總檢字表，前爲單字檢字表，後爲合文檢字表，以單字檢字表爲主體。

三　表中被檢字首先按筆畫排列，筆畫相同的字再按筆順（一、丨、丿、丶、乙）之序排列。

四　每一字頭前是該字的筆畫數，之後分别是該字在各分譜中的字頭序號（四位阿拉伯數字，或四位阿拉伯數字加“重”，或四位阿拉伯數字加“新”）。

五　字形相同但屬於不同字頭者，其字頭序號置於同一字形之後，分上下排列。

筆畫數	被檢字	（一）睡虎地秦簡	（二）放馬灘秦簡	（三）周家臺秦簡	（四）龍崗秦簡	（五）張家山漢簡	（六）鳳凰山漢簡	（七）孔家坡漢簡	（八）尹灣漢簡	（九）武威漢簡	（十）居延漢簡	（十一）居延新簡	（十二）敦煌漢簡	（十三）額濟納漢簡	（十四）武威醫簡	（十五）東牌樓漢簡
一畫	一	0001	0001	0001	0001	0001	0001	0001	0001	0001	0001	0001	0001	0001	0001	0001
	乙	1654	0258	0407	0357	1373	0530	0634	0797		1042	1162	1115	0649	0550	0608
二畫	二	1519	0236	0373	0320	1257	0478	0578	0746	0887	0958	1061	1024	0579	0508	0557
	十	0217	0054	0066	0054	0183	0068	0099	0123	0137	0166	0173	0168	0099	0090	0096
	丁	1658	0260	0411		1378	0531	0637	0800	0962	1046	1166	1120	0651		
	七	1645	0254	0403		1367	0526	0629	0792	0956	1037	1156	1109	0644	0546	0604
	丄													0005		
	卜	0371	0078			0313					0274	0284	0277			
	八	0085	0020	0020		0060	0034	0036	0049	0051	0061	0063	0067	0038	0041	0030
	入	0576	0114	0154	0146	0508	0191	0228	0280	0375	0412	0421	0421	0249	0205	0227
	人	0950	0169	0237	0211	0782	0323	0373	0444	0548	0620	0664	0650	0368	0311	0339
	匕			0244		0825				0580					0327	
	几									0927		1122				
	九	1646	0255	0404	0354	1368	0527	0630	0793	0957	1038	1157	1110	0645	0547	0605
	了			0422												0619
	刀	0472				0412			0227		0335	0349	0345		0167	0185
	乃	0522	0098	0137		0465		0204		0334	0372	0385	0383	0225	0181	0205
	力	1562				1297			0761		0982	1091	1050	0601	0521	0570
	又	0310					0100		0162	0184	0233	0245	0235	0146	0106	0132
	厶										0732		0759			
	马													0328		
三畫	三	0022	0008	0010	0008	0017	0008	0014	0012	0016	0019	0016	0015	0012	0009	0010
	干	0212				0178			0120	0133	0162	0168	0165	0097		
	于	0529	0100		0134	0470	0171		0260	0338	0378	0391				0209
	亏	0529	0100		0134	0470	0171		0260	0338	0378	0391				0209
	丂										0378	0391				
	士	0033				0024	0010		0021	0021	0025	0022	0027	0016		
	工	0514				0458				0329	0366		0374			

筆畫數	被檢字	（一）睡虎地秦簡	（二）放馬灘秦簡	（三）周家臺秦簡	（四）龍崗秦簡	（五）張家山漢簡	（六）鳳凰山漢簡	（七）孔家坡漢簡	（八）尹灣漢簡	（九）武威漢簡	（十）居延漢簡	（十一）居延新簡	（十二）敦煌漢簡	（十三）額濟納漢簡	（十四）武威醫簡	（十五）東牌樓漢簡
三畫	土	1523	0238	0376		1261	0480	0581		0891	0960	1064	1027	0582		0560
	才	0681														0256
	下	0007重	0004重	0006重	0006重	0008重	0005重	0006重	0007重	0005重	0008重	0007重	0006重	0008重	0006重	0005重
	寸	0342			0092	0292	0114	0143		0205	0255	0266	0258		0115	0142
	丌	0510				0454								0218		
	丈	0218	0055		0055	0184	0069	0100		0138	0167	0174	0169	0100		
	大	1210	0202	0293	0277	1000	0395	0465	0560	0698	0782	0855	0820	0464	0398	0453
	弋	1419			0303			0551								
	上	0005重	0003重	0004重	0003重	0005重	0003重	0004重	0005重	0003重	0005重	0005重	0005重	0006重	0003重	0004重
	小	0083	0018	0018	0022	0058	0032	0034	0047	0049	0059	0061	0065	0036	0039	0028
	口	0107	0025			0078	0043	0048	0060		0076	0082	0083	0047		
	巾	0936					0316		0435	0539		0653	0640			
	山	1110		0269		0926		0434	0525	0649	0733	0787	0761	0436	0363	0423
	千	0219	0056		0056	0185	0070	0101	0124	0139	0168	0175	0170	0101	0091	0097
	乇					0588										
	乞															0609
	川								0632		0847	0933	0888			
	个									0576						
	亾	1435	0232	0361	0308	1193	0443	0558	0698		0917	1014	0978	0550		0539
	及	0315	0066	0087	0080	0269	0103	0130	0167	0187	0238	0250	0240	0151	0109	0136
	久	0611	0119			0535		0246	0304		0437	0448	0447	0266	0220	0235
	夕	0797	0145	0206		0666		0309	0392	0488		0576	0560			0298
	丸								0531				0769		0367	
	凡	1522	0237	0375		1260	0479	0580	0748	0890	0959	1063	1026	0581	0509	0559
	勺									0926					0528	
	广															0425
	亡	1435	0232	0361	0308	1193	0443	0558	0698		0917	1014	0978	0550		0539
	之	0683	0127	0174	0161	0581	0239	0261	0337	0437	0477	0494	0487	0288	0250	0257

三畫	尸	1037				0860				0612	0687					0389
	弓	1449			0310				0703	0847 0850	0924	1024	0982		0488	
	己	1661	0263	0414		1381		0640	0803	0964	1049	1169	1123	0654	0553	0612
	巳	1686	0274	0427	0361	1402	0545	0653	0819	0976	1064	1189	1141	0666	0560	0624
	子	1671	0268	0419	0359	1390	0539	0645	0808	0968	1055	1177	1129	0660	0556	0615
	也	1420	0231	0356	0304	1180		0552	0690	0833	0907	1004	0969	0543	0483	0533
	女	1397	0225	0346		1160	0430	0531	0677	0813	0891	0990	0952	0533	0474	0521
	刃	0489				0428			0238				0358	0207		
四畫	三								0789重	0952重	1034重	1153重		0641重		
	王	0023				0018	0009	0015	0013		0020	0017	0016	0013		0011
	亓	0510				0454										
	井	0555	0109	0147		0490		0219		0354	0398	0406	0404	0239		
	天	0003	0002	0003		0003		0002	0003	0002	0003	0003	0003	0003	0002	
	夫	1232	0205	0300	0281	1014		0472	0567	0708	0792	0864	0828	0469		0458
	元	0002				0002			0002		0002	0002	0002	0002		0002
	无	1438重														
	弌			0002重												
	云	1322重							0640重			0944重	0901重			0499重
	玉										0960		1027	0582		
	廿	0220		0067	0057	0186	0072	0102	0126		0170	0177	0172	0103	0092	0098
	木	0615	0120	0164		0538	0206	0249	0305	0394	0439	0450		0268	0221	
	五	1643	0252	0401	0352	1365	0524	0627	0790	0954	1035	1154	1107	0642	0544	0602
	帀	0684														
	支	0325	0069			0277		0137	0174	0196	0244	0258	0248	0157		
	不	1332	0214	0328	0292	1106	0416	0508	0647	0762	0860	0951	0906	0503	0456	0502
	仄										0744	0802				
	太									0751重						
	犬	1170	0198		0266	0965	0387					0833				
	友	0321								0191		0253				
	尤					1376		0635	0798		1044	1164	1118			

筆畫數	被檢字	（一）睡虎地秦簡	（二）放馬灘秦簡	（三）周家臺秦簡	（四）龍崗秦簡	（五）張家山漢簡	（六）鳳凰山漢簡	（七）孔家坡漢簡	（八）尹灣漢簡	（九）武威漢簡	（十）居延漢簡	（十一）居延新簡	（十二）敦煌漢簡	（十三）額濟納漢簡	（十四）武威醫簡	（十五）東牌樓漢簡
四畫	厄	1091														
	匹	1442				1197	0444				0919	1019	0979	0551		
	巨	0517			0133	0461			0252		0367	0379	0376			
	牙								0117							
	屯					0027					0027	0025				0015
	戈	1423							0692							
	比	0993				0830	0343		0469	0583	0660	0715	0689	0394		0368
	互					0445重										
	切					0417				0295						
	瓦	1448		0362			0447	0560		0844	0923			0553		
	止	0138		0039	0033	0103		0066	0082	0086	0100	0105	0107	0065	0063	0059
	少	0084	0019	0019	0023	0059	0033	0035	0048	0050	0060	0062	0066	0037	0040	0029
	丹											0811				
	曰	0520	0097	0136		0464		0203	0254	0330	0370	0382	0379	0222	0180	0203
	日	0766	0134	0191	0180	0642	0270	0292	0377	0469	0527	0552	0536	0314	0259	0282
	中	0036	0010	0012	0010	0026	0011	0020	0022	0022	0026	0024	0029	0018	0013	0014
	内	0577				0509		0229	0281	0376	0413	0422	0422	0250	0206	0228
	水	1274	0208	0305		1036		0482	0597	0722	0817	0896	0861	0484	0417	0489
	牛	0095	0023	0025	0028	0070	0039	0043		0058	0069	0071	0076	0043	0047	0038
	手	1362		0339		1128	0424	0523	0660	0781		0969		0519	0467	0512
	午	1688	0276	0429		1404		0655	0821	0978	1066	1191	1143	0668	0562	0626
	气	0032				0023										
	毛	1036				0859			0488	0611				0408		0388
	壬	1669	0266	0417		1388	0538	0643	0806		1053	1175	1127	0658		0614
	升	1601		0392		1335	0509		0776	0933	1012	1131	1083	0624	0535	0587
	夭	1219						0467								
	长										0749	0808	0772			0430
	仁	0952				0783			0445		0621	0666	0651	0369	0312	0340

四畫	什	0963				0795			0452		0637		0666			0351
	仆								0460							
	仇															0362
	化					0824								0390		
	仍											0682				
	斤	1592				1328		0609			1006	1125	1077	0618	0530	0584
	爪							0124								
	反	0317			0081	0270		0131	0169	0188	0239	0251	0242	0152		
	兮												0387			
	介	0088						0039					0071	0039		
	父	0312		0086		0267	0102	0129	0164	0186	0235	0247	0237	0148	0108	0134
	今	0572	0112	0152		0504	0188	0225	0278		0408	0417	0417	0245		0223
	凶	0855	0155	0216		0711		0335	0408			0612	0595	0343		
	分	0086		0021	0024	0061	0035	0037	0050	0052	0062	0064	0068		0042	0031
	公	0089	0021	0022		0064	0036		0053	0055	0065	0067	0072	0040	0045	0034
	乏	0147				0110				0093	0108	0113	0114			
	丸								0531							
	月	0791	0142	0201	0184	0661	0274	0305	0387	0483	0544	0571	0554	0322	0267	0294
	戶	1338		0332		1111	0419	0513	0651	0766	0864	0956	0910	0508		0507
	氏	1421		0357		1181	0440		0691		0908	1005	0970		0484	
	勿	1131	0195	0276	0247	0945	0377	0446		0669	0750	0810	0773		0373	0432
	丹	0552	0107							0353	0396	0403			0194	
	印					0827										
	殳	0335	0071													
	文	1086				0902			0512		0720	0772	0749			0417
	六	1644	0253	0402	0353	1366	0525	0628	0791	0955	1036	1155	1108	0643	0545	0603
	亢	1227		0298									0826			
	方	1050	0180	0254		0871	0361	0410	0494	0622	0697	0747	0723	0413	0344	
	火	1191	0199	0285	0273	0977		0457	0553		0769	0843	0804	0457	0389	0447
	为								0161		0232	0242	0234	0145	0105	0131
	斗	1599	0246	0391	0342	1333	0508	0614	0775		1010	1129	1081	0623	0534	

筆畫數	被檢字	（一）睡虎地秦簡	（二）放馬灘秦簡	（三）周家臺秦簡	（四）龍崗秦簡	（五）張家山漢簡	（六）鳳凰山漢簡	（七）孔家坡漢簡	（八）尹灣漢簡	（九）武威漢簡	（十）居延漢簡	（十一）居延新簡	（十二）敦煌漢簡	（十三）額濟納漢簡	（十四）武威醫簡	（十五）東牌樓漢簡
四畫	心	1239		0301		1018		0474		0714	0795	0868	0832	0474	0403	0463
	尹								0166		0237	0249	0239	0150		0135
	刃														0463	
	夬	0314			0079	0268			0165		0236			0149		
	尺	1042			0232	0865	0356	0406	0490	0616	0692	0743	0718	0412	0342	
	弔									0575						
	引	1452		0364		1205			0705	0850						
	丑	1680	0270	0423		1398		0648	0814		1059	1185	1136	0663		0621
	孔	1330				1104			0646		0858	0950	0905			
	巴					1382	0534								0554	
	以	1687	0275	0428	0362	1403	0546	0654	0820	0977	1065	1190	1142	0667	0561	0625
	予			0116	0114	0357	0133	0178	0216		0307	0325	0321	0190		0177
	毋	1416	0229	0354	0301	1177	0439	0548	0688	0830	0904	1002	0967	0541	0482	
五畫	式															0558重
	玉	0026				0020		0017				0020	0018		0011	0013
	刊	0481														
	示									0006		0008	0007			0006
	末	0637		0169		0549		0253		0408						
	未	1689	0277	0430	0363	1405		0656	0822		1067	1192	1144	0669	0563	0627
	巧	0516				0460						0378				
	正	0146	0038	0044	0036	0109	0051	0072	0087	0092	0107	0112	0113	0071		0065
	邛					0637	0267		0371							
	功					1298		0599	0763	0913	0983	1093	1051	0602	0522	0571
	去	0546	0105	0143	0138	0486		0215	0270	0351	0394	0401	0400	0236	0190	0217
	甘						0167	0201			0368	0380	0377		0178	
	世							0105	0129	0142	0172	0180	0175	0106		0100
	丗	0222		0068		0188	0074	0104	0128		0171	0179	0174	0105	0093	0099
	古	0216	0053				0067			0136	0165	0172	0167		0089	

五畫	芀											0057				
	本	0633		0168		0547				0407	0448	0461	0460		0230	0242
	术			0061		0684重									0275重	
	札	0666									0468	0480	0474	0280		
	扚									0296						
	可	0525	0099	0138		0468	0169	0206	0258	0335	0375	0388	0385	0227	0182	0207
	丙	1657	0259	0410	0358	1377		0636	0799		1045	1165	1119	0650		0610
	左	0513		0135	0132	0457		0199	0250	0328	0365	0376	0373	0220	0177	0199
	右	0311	0065	0085		0266	0101	0128	0163	0185	0234	0246	0236	0147	0107	0133
	石	1128	0193		0245	0939	0375	0443	0533		0746	0804	0770	0441	0368	0428
	布	0944		0235		0777	0320	0371	0441	0545	0616	0660	0646	0366		0336
	夳									0751重						
	戊	1659	0261	0412		1379	0532	0638	0801		1047	1167	1121	0652		0611
	平	0530	0101	0139	0135	0471	0172	0207	0261		0379	0392	0389	0229	0183	0211
	匜									0841						
	北	0994	0175	0247		0831		0388	0470	0584	0661	0716	0690	0395		0369
	占	0373	0081	0101		0314		0153	0186	0222	0275	0285				
	目	0378	0082	0103		0317		0155		0225	0278	0289	0281	0173	0123	
	旦	0780	0138	0196	0182	0652		0300	0385	0476	0540	0566	0549	0321	0265	0293
	且	1590			0340	1326		0608	0773	0928	1005	1124	1076	0617	0529	0583
	甲	1653	0257	0406	0356	1372	0529	0633	0796		1041	1161	1114	0648	0549	0607
	申	1690	0278	0431	0364	1406	0547	0657	0823	0979	1068	1193	1145	0670		0628
	由								0710重	0855重			0989重			
	田	1550	0241		0329	1285	0489	0594	0756	0906	0972	1083	1042	0594		0565
	史	0323		0090	0084	0275		0135	0172	0194	0242	0256	0246	0155		0139
	央	0593	0116			0521		0237	0291		0424	0433			0214	
	兄	1053	0182			0872	0363	0412	0496	0623	0699	0750	0726		0345	0395
	目	1687	0275	0428	0362	1403	0546	0654	0820	0977	1065	1190	1142	0667	0561	0625
	叩								0077		0091	0097	0100	0058		0054
	另															0055
	冉											0811				

筆畫數	被檢字	（一）睡虎地秦簡	（二）放馬灘秦簡	（三）周家臺秦簡	（四）龍崗秦簡	（五）張家山漢簡	（六）鳳凰山漢簡	（七）孔家坡漢簡	（八）尹灣漢簡	（九）武威漢簡	（十）居延漢簡	（十一）居延新簡	（十二）敦煌漢簡	（十三）額濟納漢簡	（十四）武威醫簡	（十五）東牌樓漢簡
五畫	囚	0705		0182		0597					0491	0510	0499			
	四	1641	0251	0400	0351	1364	0523	0626	0788	0951	1033	1152	1106	0640	0543	0601
	生	0689	0130	0177		0586	0242	0265	0342	0442	0482	0499	0492	0292	0253	
	矢	0581	0115	0156	0147	0513			0283	0377	0415	0425	0427	0252	0207	0229
	失	1384	0224	0345	0297	1149		0525	0672	0801	0885	0984	0945		0471	
	乍	1436														
	禾	0811	0150	0209		0677		0317			0559		0568			0302
	丘	0995			0225			0389	0471		0662	0717	0692			0371
	仕															0342
	付	0961				0793	0330			0562	0634	0684	0664	0376	0316	0349
	仗	0981				0818										
	代	0967		0241		0802		0377	0455	0566	0643	0691	0670		0319	
	伋											0667	0652	0370		
	白	0948	0167	0236		0780	0322	0372	0443	0546	0618	0662	0648	0367	0310	0338
	他								0464							0363
	斥					0936					0742	0800	0766			
	卮					0907	0368		0516		0722					
	瓜	0860				0714										
	尘										0964	1069	1033	0586	0512	
	乎								0259	0337	0377	0390	0388			0208
	令	1090		0265	0240	0908	0369	0428	0517		0723	0775	0751	0429	0358	0418
	用	0375		0102	0100	0315		0154	0187	0223	0276	0287	0278	0172	0122	0152
	肊										0323					
	印	1094				0912					0726	0778	0752	0430		0420
	氏	1422				1182					0909					
	丸								0531							
	句	0214				0180		0098	0121	0135						
	卯	1683	0272	0425		1400	0543	0650	0816		1061	1187	1138	0664	0558	0623

五畫	犯	1174			0267							0837	0797			0442
	外	0800	0147		0187	0668		0311	0394	0490	0551	0578	0562	0326	0271	0299
	冬	1317	0212			1096		0501	0636	0755	0852	0940	0894	0501	0450	
	包	1101				0919										
	匃	1100														
	主	0550	0106	0145	0139	0488	0182	0217	0271	0352	0395	0402	0402	0238		0218
	市	0592		0158		0520	0198	0236	0290	0383	0423	0432	0432	0257		
	立	1233				1015	0398	0473	0568	0709	0793	0865	0829	0470	0402	0459
	玄	0427				0355				0250	0306	0324	0319		0144	0176
	半	0094		0024	0027	0069	0038	0042		0057	0068	0070	0075	0042	0046	0037
	汁					1070				0744					0444	
	氾						0406					0911	0875	0489		
	穴	0898	0164													
	宂	0875				0724										
	它	1513	0235		0319	1254		0577			0957	1059	1023	0578		
	必	0090	0022	0023	0026	0065		0040	0054	0056	0066	0068	0073	0041		0035
	永					1092			0635		0850	0937	0892	0499		0497
	司	1089	0189		0239	0906	0367	0427	0515	0640	0721	0774	0750	0428		
	尻					0862				0614			0716			
	尼					0863										
	民	1417				1178		0549	0689	0831	0905	1003	0968	0542		0532
	弗	1418	0230	0355	0302	1179		0550		0832	0906					
	弘					1206					0927					0543
	出	0686	0128	0175	0162	0583	0240	0262		0439	0478	0495	0489	0289	0251	0258
	奶														0481	
	奴	1406				1169	0434	0539	0683		0897	0997	0960	0537		0527
	召	0114				0086				0072	0082	0088	0089	0051		
	加									0915		1102	1059		0523	0578
	皮	0346			0094	0295					0258	0269	0262			
	台	0118	0029			0090										
	矛	1602				1336					1013					

筆畫數	被檢字	（一）睡虎地秦簡	（二）放馬灘秦簡	（三）周家臺秦簡	（四）龍崗秦簡	（五）張家山漢簡	（六）鳳凰山漢簡	（七）孔家坡漢簡	（八）尹灣漢簡	（九）武威漢簡	（十）居延漢簡	（十一）居延新簡	（十二）敦煌漢簡	（十三）額濟納漢簡	（十四）武威醫簡	（十五）東牌樓漢簡
五畫	母	1403	0227	0349		1165	0432	0536	0681	0819	0894	0994	0957	0535		0526
	幼	0423							0213	0249	0304	0322	0315	0189		
六畫	刲										0346	0359				
	匩									0842						
	匡								0701		0921	1021	0980			
	耒						0147									
	邦	0747														
	式	0515	0094			0459			0251				0375			0201
	刑	0557				0492		0220	0236	0355	0399	0407	0405			
	荆	0557				0492		0220		0355	0399	0407	0405			
	刾								0237			0359				
	戎	1424		0358				0553				1006				
	扜					1157							0949			
	圭							0589				1075			0514	
	寺	0343				0293				0206	0256	0267	0259			
	帀	0222		0068		0188	0074	0104	0128		0171	0179	0174	0105	0093	0099
	吉	0121	0032	0035		0092		0059	0072	0075	0086	0093	0095	0054		0048
	考	1034										0738	0712	0406		0386
	老	1031				0857		0402	0485	0608	0684		0709		0340	
	扱									0807						
	迏	0150			0038	0113			0088	0095	0111	0116	0116	0074		
	地	1524		0377		1262	0481	0582	0749	0892	0961	1065	1028	0583	0510	
	戋					1188										
	耳	1354		0337		1122		0520		0775		0964	0920	0515	0464	0510
	共	0288				0248	0090		0157	0172	0221	0234	0223			0125
	朴													0273	0234	
	机					0544										
	杙						0235			0433						

六畫	亘									0888						
	臣	0333		0093	0088	0283	0111	0139	0178	0201	0250	0263	0254	0162		
	吏	0004			0002	0004	0002	0003	0004		0004	0004	0004	0004		0003
	再	0422				0353		0176	0212	0248	0303	0321	0314	0188	0143	0174
	西	1335	0217	0331		1109	0418	0511	0650	0764	0863	0954	0909	0506		
	亙								0330重							
	左				0323											
	戍	1699	0280	0434		1414	0552	0660	0826		1074	1200	1149	0675		0632
	在	1532	0239		0323	1266	0482	0584		0897	0963	1068	1032	0585	0511	0562
	邳								0373							
	百	0390	0085	0110	0106	0329	0125	0160	0195	0231	0286	0300	0292	0180	0129	0163
	有	0794	0144	0204	0185	0664	0277	0307	0390	0486	0548	0573	0558	0324	0269	0296
	存	1677	0269			1394										0617
	而	1132	0196	0277	0248	0946	0378	0447	0537	0670	0751	0812	0774		0374	
	匠	1443				1198										
	夸	1214				1002										
	灰	1195		0287		0981				0694						
	戌	1427				1184					0911		0972	0544		
	殀	0437														
	列	0480				0421			0234	0299	0342	0355	0351			0186
	死	0439	0089	0118	0119	0363		0182	0220	0256	0315	0333	0330	0194	0146	0180
	成	1660	0262	0413		1380	0533	0639	0802	0963	1048	1168	1122	0653	0552	
	夷	1216	0203			1003							0821			
	邪	0759						0288	0375			0549	0531			
	至	1333	0215	0329		1107	0417	0509	0648	0763	0861	0952	0907	0504	0457	0503
	此	0145	0037	0043	0035	0108		0071	0086	0091	0106	0111	0112	0070	0067	0064
	光	1200				0987		0461			0776	0848	0813	0461	0394	0450
	早	0768					0272		0379		0529	0554	0538		0261	
	曳										1069					
	虫	1499		0371		1244		0572	0740						0500	
	曲	1446				1202		0559	0702		0922	1022	0981			

筆畫數	被檢字	（一）睡虎地秦簡	（二）放馬灘秦簡	（三）周家臺秦簡	（四）龍崗秦簡	（五）張家山漢簡	（六）鳳凰山漢簡	（七）孔家坡漢簡	（八）尹灣漢簡	（九）武威漢簡	（十）居延漢簡	（十一）居延新簡	（十二）敦煌漢簡	（十三）額濟納漢簡	（十四）武威醫簡	（十五）東牌樓漢簡
六畫	同	0926			0206	0763	0314	0365	0428	0535	0606	0646	0632	0359	0304	0330
	吃									0077						
	因	0704	0132	0181		0596	0250		0349	0447	0490	0509	0498			0263
	吸					0080										
	回	0698				0592			0347		0487	0507	0496			0262
	肉	0444	0090	0119	0120	0368	0137	0184		0259		0336	0332	0195	0148	
	囟	0710														
	年	0829	0152		0194	0691	0289	0325	0401	0501	0566	0595	0577	0336	0277	0303
	朱	0635				0548	0214		0314		0449	0462	0461	0272	0231	
	缶						0192									
	牝	0097		0027		0072		0045			0071	0073				
	先	1054	0183	0256		0874		0413	0497	0624	0701	0751	0727	0415	0346	
	廷	0191		0059		0154		0088			0149	0157	0153			
	牠					0076										
	舌	0211				0177				0132	0161	0167				
	竹	0497				0432	0150		0243	0313		0363				
	汖															0154
	伕											0704				
	休					0573			0329	0431	0474	0485	0482			0253
	伍	0962				0794		0375			0636		0665			0350
	伓									0577						
	伏	0977				0814		0381	0462		0650	0701	0680	0387	0325	
	臼	0852														
	伐	0978	0172			0816		0382		0571	0652	0702	0681			
	延	0193				0156	0061		0115	0122	0151	0159	0155	0093		
	仲						0325		0447		0623	0669	0654	0371	0313	0344
	件						0340					0703				
	任	0969	0171			0804	0333				0645	0693	0673	0383		0354

六畫	仮	0982														
	仿												0657			
	自	0386		0106	0102	0324		0157	0191	0228	0282	0296	0288	0177	0125	0159
	伊	0954														
	血	0547		0144		0487		0216					0401	0237	0191	
	向								0413							
	似									0568						
	后								0514	0639		0773		0427		
	行	0194	0050	0060	0052	0157	0062	0090	0116	0123	0152	0160	0156	0094	0083	0093
	全	0578重						0230重	0282重			0423重	0424重			
	合	0571	0111	0151	0143	0503	0187	0224	0277	0372	0407	0416	0415	0244	0203	0222
	企				0212											0341
	兆	0374重										0286重				
	兕	0856	0156					0336								
	郊												0524			
	刖	0484														
	肒					0398										
	夙	0801	0148					0312								
	危	1127	0192	0271		0938		0442	0532		0745					
	旨	0531														
	旬	1098	0191	0267		0916		0432		0645		0782			0361	
	匈					0917					0730	0783	0756	0433		
	名	0110	0026	0030		0082	0044	0050	0062	0068	0079	0085	0086	0049	0056	0041
	各	0124	0033	0037	0032	0095	0046	0061	0075	0079	0089	0095	0098		0060	0051
	多	0802	0149	0208	0188	0669	0278	0313	0395	0491	0552	0579	0563		0272	0300
	争												0327			
	色	1095	0190			0913		0430	0519		0727	0779	0753			
	⿸广千										0742	0800	0766			
	亦	1217	0204	0296	0278	1004			0561	0699		0857	0822		0399	0455
	⿸广山														0297	
	⿰八刂														0170	

筆畫數	被檢字	（一）睡虎地秦簡	（二）放馬灘秦簡	（三）周家臺秦簡	（四）龍崗秦簡	（五）張家山漢簡	（六）鳳凰山漢簡	（七）孔家坡漢簡	（八）尹灣漢簡	（九）武威漢簡	（十）居延漢簡	（十一）居延新簡	（十二）敦煌漢簡	（十三）額濟納漢簡	（十四）武威醫簡	（十五）東牌樓漢簡
六畫	汻					1097										
	交	1222				1009			0564	0700	0786	0860		0466		0457
	衣	1007	0176			0841	0346	0396	0476	0592	0672	0726	0700	0401		0379
	次	1064		0259		0882			0502	0630	0707	0757	0734	0420	0351	0402
	决				0285				0622							
	亥	1700	0281	0435		1415		0661	0827	0992	1075	1201	1150	0676		
	充										0698	0749	0725	0414		
	羊	0404	0086		0108	0342		0168	0201	0239	0291	0310	0299	0181	0134	0169
	并	0992		0246		0829		0387		0582	0659	0714		0393	0330	0367
	米	0844		0214		0700	0294			0510	0573	0604	0587	0341	0280	0309
	州	1314				1089			0633	0754		0934	0889			
	汙	1298				1068			0624	0742						
	汗			0317		1078		0498				0928		0495		
	江	1276		0306		1038	0404				0819	0898	0863			
	汋									0731						
	汲			0316		1076	0411									
	池	1307		0318		1082					0846					
	汝								0600		0823	0901				0491
	宇	0866					0298									
	守	0877			0202	0727	0304		0415		0590	0626	0611	0350		0320
	宅	0862				0716			0410		0580	0615	0599			0313
	字	1672				1391		0646		0969	1056	1178	1130			
	安	0868				0720	0300		0414	0517	0584	0620	0604	0346	0285	0317
	冐	0466										0346		0202		
	聿											0259		0158		
	艮	0990														
	孙								0708							
	孖															0618

六畫	孜										0262					
	收	0362	0076			0308		0151		0219	0271	0281	0274			
	⿰阝市									0438						
	阪	1624														
	阮	1629													0542	
	防											1146				
	陕	1639														
	丞	0281			0071	0245	0087	0117	0155		0216	0229	0219	0134		0121
	奸	1414				1175		0545								
	如	1411	0228	0352	0300	1173		0543	0686	0827	0900	0999	0962	0539	0479	0530
	好	1409		0351		1172	0435	0541	0685							
	羽	0393				0332		0162	0196	0233		0303	0293			
	牟								0056			0075				
	系								0711		0932	1031	0990	0559	0493	
七畫	玕												0026			
	弄	0283														
	麦							0241								
	⿱⿻十乂土												1033			
	找					1188										
	⿷匚丙	1440														
	⿰扌刅						0146									
	戒	0284	0062					0118		0170	0217	0230	0220			0122
	吞										0077	0083	0084	0048	0052	
	扶	1368							0663	0788		0973		0523		
	扼	1372重				1137重										
	走	0132				0099			0080	0083	0094		0103	0060		
	⿰土牛						0040									
	攻	0363	0077	0100		0309		0152								
	赤	1209	0201	0292		0998	0394	0464			0781		0819		0396	
	折	0061重	0013			0050重		0027重	0038重	0040重		0046重	0052重	0029重	0031重	
	孝	1035				0858	0355		0487	0610	0686	0739	0713	0407		0387

筆畫數	被檢字	（一）睡虎地秦簡	（二）放馬灘秦簡	（三）周家臺秦簡	（四）龍崗秦簡	（五）張家山漢簡	（六）鳳凰山漢簡	（七）孔家坡漢簡	（八）尹灣漢簡	（九）武威漢簡	（十）居延漢簡	（十一）居延新簡	（十二）敦煌漢簡	（十三）額濟納漢簡	（十四）武威醫簡	（十五）東牌樓漢簡
七畫	均	1525									0962			0584		
	投	1378	0223	0343		1143			0670							
	抅												0950			
	坊								0754 新							
	志	1241				1020			0574	0715	0797	0869			0405	
	抉	1379														
	把	1371				1136							0935			
	圩	1546														
	抒										0886					
	却									0642						
	劫					1307						1105				
	毐	0037	0011													
	邯					0634					0520	0544				
	卌	0221			0058	0187	0073	0103	0127	0141		0178	0173	0104		
	苄	0071														
	苣										0048	0044	0050	0027		
	芘								0031							
	芮					0039										
	芼									0032						
	芥	0062					0029									
	芩														0023	
	芬						0012 重									
	杅						0216		0321							
	杇						0216		0321							
	杜					0539	0209		0308		0442	0453	0455		0224	
	材	0645				0554			0318		0454					
	杕	0642														
	杖						0224		0322	0422	0463					

七畫	杝															0254
	巫	0518	0095			0462		0200								
	杓	0657	0123													
	杞						0236									
	李	0616					0208		0306		0440	0451	0452	0269		0237
	求	1030重	0177重	0251重		0856重		0401重	0484重	0607重	0683重	0737重	0708重			0384重
	車	1603		0393	0343	1337	0510	0615	0777	0934	1014	1132	1084	0625		0588
	甫												0279			0153
	匣					1201										
	更	0355				0302		0148	0185	0216	0266	0276	0268	0168	0119	
	束	0695				0589	0244		0345	0444	0485	0505	0494	0295	0254	0261
	吾	0111	0027			0083		0051	0063	0069	0080				0057	0042
	豆	0538					0174			0342	0385				0185	
	酉	1692	0279	0432		1408		0658	0824		1070	1195	1146	0671	0565	0629
	辰	1684	0273	0426		1401	0544	0651	0817		1062	1188	1139	0665	0559	
	在				0323											
	邳								0373							0280
	夾	1212				1001		0466			0783					
	豖	1134	0197					0449		0671						
	刦										0346		0356			
	迓	0249重														
	迆											0145				
	步	0143		0041		0106		0069		0089	0104	0109	0110	0069		0062
	岀	0989														
	⿺辶止	0160			0040	0125		0078			0120	0128				
	告	0203														
	肖	0456				0387						0340			0160	
	旱	0773	0137			0648		0297								0287
	时								0378		0528	0553	0537	0315	0260	0283
	貝	0712					0252				0495	0515				
	吴					1006					0784	0858				

筆畫數	被檢字	（一）睡虎地秦簡	（二）放馬灘秦簡	（三）周家臺秦簡	（四）龍崗秦簡	（五）張家山漢簡	（六）鳳凰山漢簡	（七）孔家坡漢簡	（八）尹灣漢簡	（九）武威漢簡	（十）居延漢簡	（十一）居延新簡	（十二）敦煌漢簡	（十三）額濟納漢簡	（十四）武威醫簡	（十五）東牌樓漢簡
七畫	見	1055	0184	0257	0233	0876		0415	0498	0625	0702	0752	0728	0416	0347	0397
	助	1563				1299					0984	1094	1052	0603		
	里	1548			0328	1283	0487	0592	0755		0970	1081	1041	0593	0516	0564
	町				0330											
	足	0203		0064		0165	0064	0095	0118	0126	0156	0163	0158		0086	
	男	1561	0245	0382	0334	1296	0495	0598		0911	0981	1090	1049	0600	0520	0569
	困	0708				0599						0513	0501	0298		
	呂	0897	0163			0737			0423		0600	0638	0623		0291	
	吻	0108														
	吹					0081				0067						
	邑	0746		0189	0176	0626		0284	0363	0464	0511	0537	0520	0307		0274
	別	0440				0364		0183		0257	0316	0334				0181
	岑	1111									0734	0788	0762			
	兕	1147重														
	牡	0096		0026		0071	0040	0044		0059	0070		0077		0048	
	告	0106		0029	0030	0077	0042		0059	0065	0075	0081	0082	0046		0040
	我	1432						0556	0695	0836		1010	0975			0536
	利	0474	0091	0128		0414	0143	0190	0228	0291	0337	0350	0346	0205	0168	
	秃					0875		0414								
	秀	0812	0151					0318								
	私	0816			0192	0682				0499	0560	0588	0570	0332		
	征											0705				
	兵	0285	0063	0079		0246	0088	0119			0218	0231	0221	0135		0123
	何					0785			0448	0554	0627	0675	0659	0374	0314	0346
	佐	0983				0819	0341	0384	0465	0578		0706	0684			0364
	攸					0304										
	但			0243		0817	0338		0463	0572	0653		0682			0361
	作	0965	0170		0215	0797	0331	0376	0453	0564	0639	0686	0667	0378	0318	0352

七畫	伯						0324		0446	0550	0622	0668	0653			0343
	位									0557			0661			
	伴															0345
	佗										0626	0674	0658	0373		
	身	1006			0229	0840		0395	0475	0590	0670	0724	0699		0336	0377
	皃			0255												
	每				0011	0028				0023						
	近	0171				0135				0108	0132	0138	0137	0084		
	余	0091				0066	0037						0074			
	希	0945			0210	0778							0647			
	坐	1533			0324	1267	0483重	0585		0898	0964	1069	1033	0586	0512	
	谷	1316	0211			1094		0500			0851	0939	0893			
	希												0647			
	豸	1139														
	叙										0261					
	肝									0265	0319		0334			
	肘	0452				0383										
	邸								0367			0540				
	甸	1554								0907						
	免	0984	0173		0222	0820		0385	0466	0579	0654	0707	0685	0388		
	邭												0533			
	狂	1182				0970							0800			
	犺	1175														
	狄					0972					0766					
	角	0493		0130			0149			0305			0360	0210		0188
	肥	0467								0285						
	卵	1517				1256	0477									
	灸														0392	
	灸														0392	
	夙	0801	0148					0312								
	迎									0100		0124				

筆畫數	被檢字	（一）睡虎地秦簡	（二）放馬灘秦簡	（三）周家臺秦簡	（四）龍崗秦簡	（五）張家山漢簡	（六）鳳凰山漢簡	（七）孔家坡漢簡	（八）尹灣漢簡	（九）武威漢簡	（十）居延漢簡	（十一）居延新簡	（十二）敦煌漢簡	（十三）額濟納漢簡	（十四）武威醫簡	（十五）東牌樓漢簡
七畫	饮										0708					
	言	0223	0057	0069	0059	0189	0075	0106	0130	0143	0173	0181	0176	0107	0094	0101
	疕	0912				0746							0630			
	吝	0123														
	序							0437		0657						
	辛	1663	0265	0416		1384	0536	0642	0805		1051	1171	1125	0656	0555	
	冶			0320			0413								0451	
	忘	1257				1028		0477			0812		0851		0409	0476
	羌										0293	0312	0303	0183		0170
	兑	1052	0181					0411								
	弟	0610		0162		0534		0245	0303	0392	0436	0447	0446	0265		0234
	汧					1043										
	沐	1301		0314		1073	0410					0924				
	沛								0608			0907				
	沙	1286			0284				0618		0833	0914	0879	0491	0435	
	冰					1087						0932				
	汻														0436	
	沃	1292		0312		1061				0739						
	沂					1050		0489	0605							
	汾					1044					0824		0867			
	泛	1295														
	洴	1308														
	没	1296			0286	1064		0496		0741	0838	0920				
	沈										0839	0921				
	決	1290			0285	1060	0408	0495	0622	0737		0917	0881			
	快										0802		0839			
	宑					0491重										
	完	0870			0199	0722	0301	0344			0585	0622	0606	0348		0318

七畫	宋	0891					0308		0419		0598	0635	0620			0324
	宏										0582	0618	0602			
	牢	0101	0024			0074		0046	0057	0063	0073	0076	0080			
	究												0626	0355		
	灾												0810重			
	良	0597		0159		0525	0199	0238	0295		0428	0437	0434	0260	0216	
	初	0475				0415		0191	0229	0292	0338	0351	0347		0169	
	社	0018				0014		0012			0017	0014	0013			
	祀	0012				0010		0008		0012						
	君	0112	0028	0031		0084		0052	0064	0070	0081	0086	0087	0050	0058	0043
	帬								0439							
	即	0558		0148	0141	0493	0184			0356	0400	0408	0406	0240	0196	
	屎	0663														
	尾	1043		0253				0407	0491	0617			0719			0391
	局	0127														
	改					0300				0215	0264	0274				0147
	张								0704		0925	1025	0983	0554		0542
	忌	1259	0207					0478							0410	0477
	陆	1637														
	阿					1352					1026		1096			
	壯	0035	0009			0025		0019				0023	0028	0017		
	孜										0262					
	阼									0949						
	附					1358						1147	1098	0635		0597
	奻						0438									
	妅															0529
	姊					1167				0821						
	妨										0902					
	邵															0277
	忍	1270										0893	0860			0485
	甬	0803			0189	0670						0583				

筆畫數	被檢字	（一）睡虎地秦簡	（二）放馬灘秦簡	（三）周家臺秦簡	（四）龍崗秦簡	（五）張家山漢簡	（六）鳳凰山漢簡	（七）孔家坡漢簡	（八）尹灣漢簡	（九）武威漢簡	（十）居延漢簡	（十一）居延新簡	（十二）敦煌漢簡	（十三）額濟納漢簡	（十四）武威醫簡	（十五）東牌樓漢簡
七畫	矣	0588				0517		0234	0287	0382	0420	0429			0211	
	㞷	1549重														
	紀							0570								
八畫	奉					0244	0086		0154	0169	0215	0228	0218	0133		0120
	武	1431				1189			0694	0835	0912	1009	0974	0547		
	青	0553	0108	0146		0489	0183	0218	0272		0397	0404	0403		0195	
	玫												0024			
	表	1008				0842					0673	0727	0701	0402		0380
	玦												0019			
	盂					0480	0177									
	長	1129	0194	0275	0246	0943	0376	0445	0536	0667	0749	0808	0772	0443	0371	0430
	封									0301						
	卦		0079							0221						
	邽					0632										
	劫									0301						
	拓	1385									0887					
	抪												0934			
	找														0485	
	拔	1388										0985		0529		
	坫									0896						
	抶									0788						
	拊									0790			0938			
	者	0388	0084	0108	0104	0327	0123	0159	0194	0230	0285	0299	0291	0179	0128	0161
	珍					1280										
	抵	1367		0341												
	拘										0163	0170				0095
	抱	1377重														0517重
	幸	1220			0279	1007	0396		0563		0785	0859	0823			0456

八畫	拂								0673	0808						
	招					1141										
	披								0671							
	其	0509重	0093重	0134重	0130重	0453重	0166重	0198重	0249重	0327重	0364重	0374重	0372重	0217重	0176重	0196重
	耶											0549	0531			
	取	0319	0067	0089	0082	0271	0104	0133	0171	0190	0240	0252	0243	0153	0110	0137
	荥									0046						
	苦					0031			0027			0029	0034	0021	0019	
	苿														0024	
	昔	0777				0651										0291
	苛	0052									0041	0035				
	若	0057	0012	0014	0016	0047		0025	0037	0037	0046	0040	0047	0025	0029	0022
	茂								0032				0042			
	迣	0173		0051												
	苴									0038						
	苗	0051			0014											
	英	0050										0033				
	苢															0018
	苻						0153									
	苽						0021						0040			
	苟							0028		0041		0048				
	苑	0054			0015								0045			
	苞	0047														
	范								0040		0053	0052	0057	0030		0024
	直	1434		0360	0307	1192	0442	0557	0697	0839	0916	1013	0977	0549	0486	0538
	苘						0154									
	苔														0174	
	茅	0043			0012				0028	0028			0035			
	枉					0552								0275		
	枅					0557				0417						
	枎											0466				

筆畫數	被檢字	（一）睡虎地秦簡	（二）放馬灘秦簡	（三）周家臺秦簡	（四）龍崗秦簡	（五）張家山漢簡	（六）鳳凰山漢簡	（七）孔家坡漢簡	（八）尹灣漢簡	（九）武威漢簡	（十）居延漢簡	（十一）居延新簡	（十二）敦煌漢簡	（十三）額濟納漢簡	（十四）武威醫簡	（十五）東牌樓漢簡
八畫	杫												0455		0224	
	林	0678	0125			0578			0335			0493			0247	
	杯			0171		0560	0219				0460					
	柜								0310							
	枇						0210			0399						
	杵	0654														
	枚					0550	0215		0315		0452	0465		0274	0235	0244
	析	0671				0572				0428						
	板								0332			0488				
	松											0459				0241
	枋	0621								0402						
	科										0462					
	述					0115				0096						
	枕									0419						
	杼						0223									
	東	0677	0124	0173		0577		0259	0334	0436	0476	0492		0287	0246	0255
	或	1430			0306	1187		0555		0834		1008		0545		
	叓										0252					
	臥	1003				0837							0696	0399	0334	
	事	0324	0068	0091	0085	0276	0106	0136	0173	0195	0243	0257	0247	0156	0113	0140
	刺	0488				0426		0193	0237	0302	0346	0359	0356		0170	
	兩	0929		0232	0207	0764	0315	0367	0430	0536	0608	0648	0634	0360	0305	
	㒳														0305	
	雨	1318	0213	0321		1098		0502	0637			0941	0895			
	邵				0350											
	奈											0856		0465		0454
	奔	1221				1008										
	奇	0526				0469	0170			0336	0376	0389	0386			

八畫	奄	1213														
	奈												0580	0338		
	來	0601		0160	0150	0528	0201	0240	0298	0388	0431	0441	0437	0262		0232
	殀	0438														
	剌									0302	0346	0359			0170	
	妻	1401	0226			1163		0534		0817	0893	0993	0956			0524
	臬	0673														
	旹	0070														
	炁												0814			
	到	1334	0216	0330	0293	1108		0510	0649		0862	0953	0908	0505	0458	0504
	郅										0521	0545		0311		
	非	1328		0325	0291	1102	0415	0507		0760	0857	0949	0904	0502		0501
	叔	0318		0088				0132	0170	0189						
	岠	0139														
	肯	0466										0346		0202		
	虎	0539				0479		0210					0395	0233		
	尚	0087			0025	0062		0038	0052	0054	0064	0066	0070		0044	0033
	具	0287			0072	0247	0089		0156	0171	0219	0232	0222	0136		0124
	昊							0471								
	味	0109						0049								
	果	0638						0254		0409					0233	0243
	杲															0245
	昆			0195			0273		0384	0475	0538	0564	0546			
	昌	0774				0649		0298	0382	0473	0537	0563	0544	0319	0264	0289
	門	1341	0218	0334	0294	1113		0515	0653	0769	0866	0959	0912	0509	0461	0508
	明											0575重				
	易	1148				0953			0538	0673					0376	0433
	昂												0548新			
	炅										0777	0850				
	畁	0282														
	畀	0512				0456										0198

筆畫數	被檢字	（一）睡虎地秦簡	（二）放馬灘秦簡	（三）周家臺秦簡	（四）龍崗秦簡	（五）張家山漢簡	（六）鳳凰山漢簡	（七）孔家坡漢簡	（八）尹灣漢簡	（九）武威漢簡	（十）居延漢簡	（十一）居延新簡	（十二）敦煌漢簡	（十三）額濟納漢簡	（十四）武威醫簡	（十五）東牌樓漢簡
八畫	呫									0080						
	典	0511			0131	0455						0375		0219		0197
	固	0706				0598	0251		0350	0448	0492	0511	0500			
	忠	1245							0576	0717	0801	0873	0838	0476		
	囷	0702														
	坐														0512	
	呼								0061		0078	0084	0085		0055	
	咄								0068							
	岸											0791				
	困	0700	0131	0180		0594	0248	0269								
	沓								0255				0381			
	林					1087						0932				
	罔	0930 重							0431 重							
	咼	0126														
	牡														0048	
	制				0124	0422					0343	0356	0353			0187
	知	0587							0286	0381	0419	0428	0429	0254	0210	0230
	垂					1279				0903						
	牧	0365			0099	0310	0119				0272	0282	0275			
	物	0104		0028	0029	0075	0041	0047	0058	0064	0074	0077	0081	0044	0049	0039
	秅											0014				
	和	0117				0089		0056			0085	0091	0092	0053	0059	0047
	秏					0697										
	季	1674				1392	0540		0809	0970		1179	1132	0661		
	委	1410								0826	0899					0528
	刵											0359				
	秉	0316							0168				0241			
	佳										0625	0673				

八畫	侍			0240		0792	0329		0451	0561	0633	0683	0663			0348
	佴					0791										
	使	0971				0805		0378	0457	0569	0646	0694	0674	0384	0321	0355
	佰	0964			0214	0796					0638	0685		0377		
	侑									0828重						
	例															0360
	侠									0563					0317	
	臾	1691				1407				0980		1194			0564	
	兒	1051					0362		0495			0748	0724			0394
	版	0808						0316								
	佻												0677			
	佩	0953				0784										
	侚											0672				
	侈															0357
	依	0960						0374		0560		0681	0662			
	併										0631					
	帛	0946				0779			0442		0617	0661				
	卑					0274	0105			0193		0255	0245	0154	0112	
	迫								0103		0133	0139	0138			0082
	卹	0548														
	征															0068重
	往	0181	0045			0143			0109		0140	0148	0145			0087
	彼	0182	0046			0144										
	所	1596		0389	0341	1330	0505	0612	0774	0930	1008	1127	1079	0620	0531	0585
	舍	0573	0113	0153	0145	0505	0189		0279	0373	0409	0418	0418	0246	0204	0224
	金	1575			0338	1310	0498	0603		0917	0989		1063	0607	0525	
	侖												0416			
	命	0113		0032		0085		0053	0065	0071		0087	0088			0044
	郄	0761														
	斧	1593		0387				0610			1007	1126	1078	0619		
	采	0670				0571	0231		0327	0425	0471				0244	

筆畫數	被檢字	（一）睡虎地秦簡	（二）放馬灘秦簡	（三）周家臺秦簡	（四）龍崗秦簡	（五）張家山漢簡	（六）鳳凰山漢簡	（七）孔家坡漢簡	（八）尹灣漢簡	（九）武威漢簡	（十）居延漢簡	（十一）居延新簡	（十二）敦煌漢簡	（十三）額濟納漢簡	（十四）武威醫簡	（十五）東牌樓漢簡
八畫	受	0433			0115	0359	0135	0179	0217	0252	0312	0328	0326	0191		0178
	爭	0434			0116	0360			0218			0329	0327			
	乳	1331		0327		1105				0761	0859				0455	
	欦	1063														
	念									0718		0874	0840			0466
	忿	1260							0586							
	忩															0486
	肺									0263	0318				0149	
	肫									0261						
	肵									0286						
	朌														0165	
	股	0454				0385			0223	0620			0339			
	肮	0469														
	肪														0154	0182
	肥	0467		0127		0403				0285		0347			0164	0184
	服	1049				0870	0359		0493	0621	0696	0746	0722		0343	
	周	0122		0036		0093		0060	0073	0076	0087	0094	0096	0055		0049
	昏	0771	0136	0194		0647		0295			0534	0560	0542		0262	0286
	鱼														0500	
	兔	1169			0265							0831			0383	
	臽	0854				0710		0334	0407							
	忽								0584		0811	0885	0850			0475
	狐				0270								0801			
	狗	1171		0282					0545	0685	0761	0834	0795		0384	
	咎	0980						0383		0573						
	炙	1208		0291		0997	0393									
	京								0292		0425	0434		0258		
	享	0595重				0523重				0385重						

	病								0426		0604				0295	
	夜	0798	0146	0207		0667		0310	0393	0489	0550	0577	0561		0270	
	庆								0425			0641				
	府	1114		0270		0927			0527	0653	0736	0792	0765	0437	0365	0426
	疝														0297	
	卒	1024				0853		0400	0483	0606	0682	0736	0706	0404	0339	0383
	庚	1662	0264	0415		1383	0535	0641	0804	0965	1050	1170	1124	0655		
	庢														0300	
	辛										1051	1171	1125	0656	0555	
	音	0551														
	卲									0711重						
	妾	0278			0070	0241		0115	0151	0165	0212		0215			
	盲										0280					
	放										0309	0326	0323			
	刻	0478				0418			0232	0297			0349			
八畫	於	0416重			0112重	0350重		0173重	0209重	0244重		0317重	0310重	0185重		
	劾	1572			0337	1308			0765		0987	1106	1060	0606		
	育											1183	1134	0662		
	券	0487				0425					0345	0358	0355	0206		
	卷	1092				0910	0370		0518		0724	0776				
	炬												0815			
	炊					0982		0460	0556				0807	0458	0390	
	炎	1203				0991										0451
	法					0963重		0453重	0543重		0760重	0830重		0452重	0381重	0439重
	泔														0442	
	泄					1049						0904	0870		0425	
	沾											0906				
	河	1275			0282	1037		0483	0598		0818	0897	0862	0485	0418	
	沮					1040										
	況								0611	0730	0828	0910				
	沭			0319												

筆畫數	被檢字	（一）睡虎地秦簡	（二）放馬灘秦簡	（三）周家臺秦簡	（四）龍崗秦簡	（五）張家山漢簡	（六）鳳凰山漢簡	（七）孔家坡漢簡	（八）尹灣漢簡	（九）武威漢簡	（十）居延漢簡	（十一）居延新簡	（十二）敦煌漢簡	（十三）額濟納漢簡	（十四）武威醫簡	（十五）東牌樓漢簡
八畫	泭								0623							
	泠								0601							
	泃					1083										
	注	1291								0738		0918	0882			
	泣					1079			0628	0752					0446	
	泘														0445	
	沸								0619						0437	
	波	1282														
	治	1281	0209	0309	0283	1051		0490	0607	0727	0826	0905	0873	0488	0428	0494
	怗															0469
	𢖽															0487
	怪	1256														0473
	宗	0892						0353	0420	0531	0599	0636	0621	0353		0325
	定	0867	0158			0719	0299	0343			0583	0619	0603	0345		0315
	宜	0879	0159			0728	0305	0348	0416	0523	0591	0627	0613	0351		0321
	官	1619			0348	1347	0515	0618	0782	0939	1022	1141	1092	0633	0540	0594
	空	0902				0741		0358			0601	0639	0625		0293	0327
	宛	0864		0219									0601			0314
	宋	0873														
	郎					0638			0372			0547				0279
	戾	1176														
	肩	0449重				0379重	0138重			0269重	0325重	0339重	0336重	0197重	0157重	
	房	1340		0333				0514	0652	0767	0865	0958	0911		0460	
	社										0017	0014				
	建	0192	0049			0155		0089	0114	0121	0150	0158	0154	0092	0082	0092
	帚											0657				
	居	1038	0178		0231	0861		0403	0489	0613	0688	0740	0714	0409	0341	0390
	屄					0864										

八畫	屉	1045				0867		0409			0694					
	弦	1455							0707	0852	0930	1029	0987	0558		
	承						0427		0669	0794	0881	0980	0941	0527		0518
	孟	1675		0420					0810		1057	1180	1133			
	牀	0651													0239	
	狀	1173				0967	0388				0763	0836	0796	0453	0385	0441
	陌				0350											
	孤	1676						0647	0811	0971		1181				0616
	亟	1520		0374	0321	1258		0579	0747			1062	1025	0580		
	降	1628				1356		0623		0943	1028	1145	1097			
	函										0555	0582	0565			
	陎												1099			
	陔									0950						
	妹									0822						
	姃															0531
	姑	1404						0537		0820	0895					
	姤	1415							0687							
	姓	1398						0532	0678	0814	0892	0991	0953	0534		0522
	妰							0546								
	始	1407		0350	0299	1170		0540	0684	0825	0898	0998	0961	0538	0478	
	弩	1453			0312	1207					0928	1027	0984	0556		0544
	迢												0142新			
	叕	1642														
九畫	恚										0813					
	契	1215														
	奏	1229				1012			0566	0707	0790	0863	0827		0401	
	春	0070				0053		0031	0042		0057	0054	0060	0033	0035	
	珍												0022			
	戓									0835						
	毒	0037	0011			0029									0014	
	陝	1444														

筆畫數	被檢字	（一）睡虎地秦簡	（二）放馬灘秦簡	（三）周家臺秦簡	（四）龍崗秦簡	（五）張家山漢簡	（六）鳳凰山漢簡	（七）孔家坡漢簡	（八）尹灣漢簡	（九）武威漢簡	（十）居延漢簡	（十一）居延新簡	（十二）敦煌漢簡	（十三）額濟納漢簡	（十四）武威醫簡	（十五）東牌樓漢簡
九畫	挂										0889					
	持						0425		0664	0787	0877	0974	0931	0524		0515
	封	1535			0325	1268			0751	0899	0965	1070		0587		0563
	臾	1218				1005										
	执									0183						
	垣	1527		0378	0322	1263		0583					1029			
	城	1538			0326	1271		0586	0753		0966	1071	1034	0588		
	挾									0788						
	政	0352	0075						0184	0213	0260	0271	0265			
	赴										0095					
	哉								0069				0093			
	郝										0516					
	拾									0803						
	指	1363		0340		1129				0782		0970	0927	0520	0468	
	挌	1391				1156		0529								
	按												0936			
	某	0632	0121	0166		0545	0212			0406	0447					
	甚	0519	0096			0463		0202	0253		0369	0381	0378	0221	0179	0202
	荆					0038						0031				0020
	荨						0152									
	革	0296			0076	0257	0095	0123		0177	0227	0239				
	茜						0020									
	巷	0765重				0641重		0291重					0535重			
	莀						0445									
	荚														0026	
	桒	0672									0473					
	茈					0036							0037		0022	
	草	0069	0016	0016	0020	0052		0030		0044	0056	0053	0059		0033	0025

九畫	莒								0024							
	芹	0072														
	荃					0046										
	荅	0039				0030				0025						
	茤															0027
	茭										0047	0042	0048	0026		
	故	0351	0074	0097	0095	0298	0116	0146	0183	0212	0259	0270	0264	0165	0117	0144
	胡			0124		0392	0139		0225	0278	0332	0342	0341	0199	0161	0183
	剋				0125											
	[illegible]				0018重											
	荔	0066														
	南	0688	0129	0176	0164	0585		0264	0341	0441	0481	0498	0491	0291		0259
	柰												0451			
	枯	0643								0411			0465		0236	
	柯						0225					0475				
	柄	0662								0423		0476				
	相	0380		0104		0321	0122	0156	0189	0227	0279	0292	0283	0174	0124	0155
	柤						0217			0418						
	柙						0232			0432						
	枳	0623				0542										
	柷						0228									
	柶									0421						
	柞				0155											
	柎					0566			0323							
	柏	0631						0251							0229	
	柧									0427						
	柢	0634														
	枸	0620														
	柳	0622		0165		0541					0444					
	枹					0567			0324							
	柱					0556		0256		0415	0455	0468	0468		0237	

筆畫數	被檢字	（一）睡虎地秦簡	（二）放馬灘秦簡	（三）周家臺秦簡	（四）龍崗秦簡	（五）張家山漢簡	（六）鳳凰山漢簡	（七）孔家坡漢簡	（八）尹灣漢簡	（九）武威漢簡	（十）居延漢簡	（十一）居延新簡	（十二）敦煌漢簡	（十三）額濟納漢簡	（十四）武威醫簡	（十五）東牌樓漢簡
九畫	柁	0674														
	柖	0640														
	柀	0618						0250								
	枱	0653														
	栂						0207									
	軌									0936						
	𢦔	1424		0358				0553				1006			0485	
	匽	1441				1196						1018				
	叀										0813					
	㰤							0417								
	畐	0596														
	垔	1543				1275										
	要	0293 重				0253 重					0225 重	0237 重	0226 重			0129 重
	迺	0523				0466					0373	0386				
	咸	0119	0030	0034		0091		0057	0071			0092	0094			
	威	1405				1166			0682		0896	0995	0958	0536	0477	
	研								0535							
	硑													0442		
	厚					0524			0294		0427	0436		0259	0215	
	斫	1594														
	面	1081	0186			0897		0423		0635	0717	0767		0425		0413
	耐	1133 重			0249 重	0947 重		0448 重				0813 重		0444 重		
	耎	1231			0280	1013										
	奎	1211		0294												
	郏												0527			
	盇	0549														
	殄										0314	0332	0329	0193		
	垩													0590		

九畫	皆	0387	0083	0107	0103	0325		0158	0192	0229	0283	0297	0289	0178	0126	0160
	韭	0859						0340		0514	0578					
	背					0377					0324				0155	
	貞	0372	0080				0120									
	省	0384							0190		0281	0294	0286	0176		0158
	削	0473				0413				0290	0336			0204		
	肻									0525						
	昧					0644					0530	0555	0539	0316		
	是	0148	0039	0045		0111		0073		0094	0109	0114		0072		0066
	郢	0757					0265						0529			
	則	0476	0092			0416	0144	0192	0230	0293	0339	0352	0348			
	明	0795		0205		0665		0308	0391	0487	0549	0574	0559	0325		0297
	冒	0927											0633			
	禺	1106				0923			0524	0648						
	星	0788重	0139重	0199重		0659重		0303重					0552重			
	昨									0472	0536	0562		0318		0288
	昫					0646										
	曷						0168			0331		0383		0223		
	昭	0769				0645					0531	0556	0540			0284
	畏	1105				0922			0523	0647			0758			
	胃	0448		0120		0374		0185		0266	0320				0151	
	畍	1555				1288			0757		0975	1084	1043			
	界					1288			0757		0975	1084	1043			
	虵														0507重	
	思	1237										0867	0831			0461
	品								0119		0159	0164	0161	0095		
	咽														0053	
	囿	0702														
	哈								0078							
	耑							0339								
	炭			0286		0980						0845				

筆畫數	被檢字	（一）睡虎地秦簡	（二）放馬灘秦簡	（三）周家臺秦簡	（四）龍崗秦簡	（五）張家山漢簡	（六）鳳凰山漢簡	（七）孔家坡漢簡	（八）尹灣漢簡	（九）武威漢簡	（十）居延漢簡	（十一）居延新簡	（十二）敦煌漢簡	（十三）額濟納漢簡	（十四）武威醫簡	（十五）東牌樓漢簡
九畫	峡															0337
	骨	0441				0365			0221	0258		0335	0331		0147	
	拜								0662重	0785重	0876重	0971重	0929重	0521重		0513重
	牲	0098								0062						
	舌											0611				
	秏	0820				0686										
	秋	0833	0153			0695		0327	0402		0568	0598	0579			
	科									0506		0600				0307
	重	1001			0227	0836				0587	0667	0722	0695	0398	0332	0374
	竿									0320						
	竽						0160									
	段								0181	0202	0254					
	俌					0822										
	便	0968				0803			0456		0644	0692	0672	0382	0320	0353
	俠									0563	0635				0317	
	叟	0313														
	保	0951										0665				
	㑹														0166	
	俗	0970														
	俉	0985														
	係			0242		0815					0651					
	信	0237				0203				0150	0185	0194	0190			0107
	皇	0025			0009	0019		0016	0015	0017	0022	0019	0017	0015	0010	0012
	泉					1090					0848	0935	0890	0497		
	鬼	1103		0268		0921		0433						0435		
	侵				0217	0799	0332				0640	0688		0379		
	禹	1649	0256	0405		1371		0632	0795		1040	1159	1113	0647	0548	
	帥	0937														

九畫	追	0169		0049	0043	0133			0101		0130	0136	0135	0082		
	俟									0552			0656			
	俊			0238												
	盾	0385			0101	0323						0295	0287			
	待									0115		0152	0148			0088
	衍								0610			0909				
	律	0189			0050	0152	0058				0147	0156	0151	0091		
	後	0187	0047	0056		0150		0085	0112	0118	0145	0154	0149	0089	0080	0089
	俞								0492			0745				
	逃		0042								0129					
	俎	1591				1327				0929						
	卻	1093				0911		0429		0642	0725	0777				0419
	爰	0431				0358					0311	0327	0325			
	采	0823							0327							
	食	0561	0110	0149	0142	0495	0185	0222	0273	0359	0402	0410	0408	0241	0197	0220
	盆										0390					
	胠					0380					0326					
	思	1271														
	胅	0458				0391										
	胙			0123												
	胕					0405									0166	
	胗					0390										
	胸					0396										
	胒					0406										
	矦	0585				0515		0232	0285	0379	0417	0427			0209	
	敀	0366														
	負	0725				0609	0256			0458	0503	0525	0510	0302		
	勉	1565				1300		0600				1097	1055	0604		0574
	風	1512	0234		0318	1253		0576	0745			1058	1022		0506	
	狡	1172														
	胋	0470														

筆畫數	被檢字	（一）睡虎地秦簡	（二）放馬灘秦簡	（三）周家臺秦簡	（四）龍崗秦簡	（五）張家山漢簡	（六）鳳凰山漢簡	（七）孔家坡漢簡	（八）尹灣漢簡	（九）武威漢簡	（十）居延漢簡	（十一）居延新簡	（十二）敦煌漢簡	（十三）額濟納漢簡	（十四）武威醫簡	（十五）東牌樓漢簡
九畫	酓	1506														
	怨	1261														
	急	1253		0302		1025			0581		0809	0883	0848	0480	0408	0471
	計	0242				0208	0080	0109			0192	0200	0193	0115		
	訙	0268														
	京										0425	0434		0258		
	哀	0125				0096		0062	0076		0090	0096	0099	0056		0052
	亭	0590				0519			0289		0422	0431	0431	0256	0213	0231
	庰	1125														
	庢	1126														
	度	0322				0273		0134		0192	0241	0254	0244		0111	0138
	座														0300	
	迹	0149			0037	0112					0110	0115	0115	0073		
	庭							0435		0655	0737	0793		0438		
	庲							0362重								
	疫	0919														
	疢			0230		0755										
	庮	1124				0936					0742	0800	0766			
	亲													0418		
	音	0275	0060			0237					0209	0222	0212		0098	
	竒					0469				0336	0376	0389	0386			
	帝				0004	0006		0005			0006				0004	
	亩											1057	1021	0577	0505	
	施	0783				0655		0301		0478	0541	0567				
	差											0377				0200
	美	0408		0113		0345	0129	0170			0292		0302		0135	
	羑															0171
	姜												0954			

九畫	进				0045新											
	送	0161				0126	0053		0097	0104	0123	0131	0129			0076
	迷															0079
	前	0140	0036	0040		0104	0049	0067	0083	0087	0101	0106	0108	0066	0064	0060
	酋											1198				
	首	1082	0187	0263	0237	0898	0365	0424		0636		0768	0746			0414
	逆	0156				0121		0076			0118	0123	0123	0078	0072	
	洒					1071										
	洙														0427	
	洗									0746		0925				
	活														0431	
	洎														0440	
	洫					1058			0620	0736						
	染											0927				
	洛							0487								
	洋								0606							
	津	1293				1062										0495
	性															0478
	恃									0720						0470
	恆	1521				1259										
	恢	1249				1024							0843			
	恨												0853			
	宣					0718			0412		0581	0617		0344		
	宦	0876		0222	0201	0725	0303	0347								
	室	0863	0157	0218		0717		0342	0411	0516		0616	0600			
	穽	0556重			0140重	0491重										
	突	0906				0742										
	穿	0900		0226	0204	0739		0356							0292	
	穾					0740										
	[illegible]	0893														
	客	0885	0161	0224				0350		0529		0631	0617			0323

筆畫數	被檢字	（一）睡虎地秦簡	（二）放馬灘秦簡	（三）周家臺秦簡	（四）龍崗秦簡	（五）張家山漢簡	（六）鳳凰山漢簡	（七）孔家坡漢簡	（八）尹灣漢簡	（九）武威漢簡	（十）居延漢簡	（十一）居延新簡	（十二）敦煌漢簡	（十三）額濟納漢簡	（十四）武威醫簡	（十五）東牌樓漢簡
九畫	叜	0313														
	冠					0761	0312			0534	0605	0645		0358		0329
	軍	1611	0247			1341		0617	0780		1018	1136	1086	0628	0537	0591
	扁	0209	0051			0175						0165	0163	0096	0087	
	扁刂									0303						
	扃									0768						
	冢											0784				
	袥	1010								0594						
	祇					0846										
	祑									0598						
	袜	0021														
	祖	0013				0011			0010	0013	0015	0012	0011			
	神	0010							0009		0011		0009		0007	0008
	祝	0015	0006	0008		0013		0010		0014				0011		
	祕										0012					
	祠	0014	0005	0007		0012		0009			0016	0013	0012			
	郡	0748			0177	0627	0261		0364		0512	0538	0521			
	退					0149重				0117重						
	既	0559								0357						0219
	叚	0320			0083	0272										
	屋	1039						0404			0691	0742	0717	0410		
	屏	1040	0179					0405								
	屎													0411		
	昏	0771	0136	0194				0295			0534	0560	0542			
	敃	0349														
	韋	0608				0533		0244	0301			0446	0444	0264		
	眉												0285			0157
	牲	0691														

九畫	胥					0397				0282						
	陜					1354										
	陛	1636											1103			
	陘	1631														
	蚩	1504														
	除	1635	0250		0349	1360	0521	0625	0787	0947	1030	1149	1102	0637		0600
	院	1638				1362										
	姪									0824						
	姚	1399					0431						0955			
	姦					1176					0903	1001	0965	0540		
	怒	1262		0303		1030			0587			0886		0481	0411	0479
	盈	0544	0104		0136	0484		0213			0392					
	翆					0333										
	臬	0857				0712	0297	0337			0576	0613	0596			
	怠								0583							0474
	癸	1670	0267	0418		1389		0644	0807		1054	1176	1128	0659		
	蚤	1509重				1250重		0575重	0743重	0886重	0956重	1056重		0576重		
	柔	0644							0317	0412						
	甾														0518	
	象							0450								
	紅	1480												0564		
	紂													0573		
	級	1468				1217			0714		0937	1037		0560		
	約	1470		0368		1218	0453		0715		0938	1038	0997	0561		0551
	紈								0717							
	紀	1462				1212			0712		0934	1032				0549
十畫	耕							0194						0209		
	泰					1077			0627	0750						
	秦	0834								0504	0569	0599	0580	0338	0279	
	珥	0029											0020			
	珠	0030											0023			

筆畫數	被檢字	（一）睡虎地秦簡	（二）放馬灘秦簡	（三）周家臺秦簡	（四）龍崗秦簡	（五）張家山漢簡	（六）鳳凰山漢簡	（七）孔家坡漢簡	（八）尹灣漢簡	（九）武威漢簡	（十）居延漢簡	（十一）居延新簡	（十二）敦煌漢簡	（十三）額濟納漢簡	（十四）武威醫簡	（十五）東牌樓漢簡
十畫	班											0021			0012	
	敖	0429									0310		0324			
	素					1242	0473			0884		1052				
	匿	1439			0309	1195			0700			1017				
	匪									0842				0552		
	恚					1029										0478
	栽	0646														
	捕	1390			0298	1154		0528	0675		0888	0987	0948	0530		0520
	馬	1150		0280	0255	0954	0381	0451	0540	0675	0753	0820	0780	0446	0377	0434
	振									0799	0884					
	挾					1135				0788		0976				
	起	0135	0035					0065	0081		0098	0103	0105	0063	0062	0057
	貢											0520				
	捉											0979				
	袁						0350				0678					0381
	殼						0113									
	都	0749				0628	0262	0285	0365	0465	0513	0539	0522	0308		
	耆	1032											0710			
	埒											1066				
	換											0988				
	恐	1268				1033		0481	0591		0816	0891	0856			0483
	挩									0802						
	垸						0485									
	殸						0113									
	亜	1533			0324	1267		0585		0897	0964	1069	1033	0586	0512	
	盍	0549														
	埃					1278										
	耿												0921		0465	

十畫	荓						0161									
	華	0692										0502		0293		
	莚	0041													0018	
	茜					1410										
	恭								0577		0805	0877	0844	0478		
	莢														0026	
	莽	0081														
	莖														0025	
	莫	0080	0017	0017		0056	0031	0032	0046		0058	0060	0064	0035	0038	
	莠	0040														
	荷					0037										
	荼				0019											
	莝											0043	0049			
	莎	0064											0053			
	莞					0032			0030		0035				0020	
	真	0987				0823			0467		0656	0712				
	莱										0475					
	莊	0038							0023		0028		0030	0019		
	桂								0307		0441		0453		0223	
	桔	0619													0225	
	桓										0458		0470	0277		
	桐	0628								0405	0445	0458				0239
	梠										0457					
	梃	0639														
	栝						0226									
	桁											0489				
	柗									0420						
	桃	0617								0395		0452			0222	
	格					0553			0316			0467				
	校	0669				0570						0484	0479			0252
	根	0636						0252			0450	0463	0462		0232	

筆畫數	被檢字	(一)睡虎地秦簡	(二)放馬灘秦簡	(三)周家臺秦簡	(四)龍崗秦簡	(五)張家山漢簡	(六)鳳凰山漢簡	(七)孔家坡漢簡	(八)尹灣漢簡	(九)武威漢簡	(十)居延漢簡	(十一)居延新簡	(十二)敦煌漢簡	(十三)額濟納漢簡	(十四)武威醫簡	(十五)東牌樓漢簡
十畫	索	0687			0163		0241		0340	0440	0480	0497		0290	0252	
	連	0166							0099		0127		0133	0081	0074	0080
	逋	0167			0041	0130							0134			0081
	曺									0333	0371		0382			0204
	哥	0527														
	鬲									0178					0102	
	栗					0671			0396	0492						
	覂					1275										
	恵													0482		
	酌									0982						
	配									0981						
	辱	1685						0652	0818	0974	1063		1140			
	威	1202														
	夏	0607				0532	0202	0243	0300	0390	0435	0445	0442		0219	
	盇									0347重						
	破					0942		0444			0747		0771			
	原	1315重				1091重			0634重		0849重	0936重	0891重	0498重		
	勑											1095	1053			0572
	逐	0170		0050		0134		0079	0102		0131	0137	0136	0083	0077	
	烈															0448
	殊									0254		0331				
	殉				0118											
	致	0604			0151	0530				0389	0433	0443	0439	0263		0233
	貣	0719														
	晉			0193						0471		0558				
	毒	0140	0036	0040		0104	0049	0067	0083	0087	0101	0106	0108	0066	0064	0060
	時	0767	0135	0192	0181	0643	0271	0293	0378	0470	0528	0553	0537	0315	0260	0283
	畢	0419		0115						0247	0300	0319	0312	0187	0142	

十畫	財			0183	0166	0601		0273		0450	0496	0516		0299		
	晏	0770						0294			0532	0559	0541	0317		
	眕					1289										
	畔				0332						0974					
	員	0711				0600		0272	0352	0449	0494	0514	0502			0264
	哭	0130				0097		0063		0081						
	恩								0578		0806	0880	0845	0479		0467
	盎	0541					0180									
	哈														0061	
	唤															0053新
	圂	0709						0271								
	豈	0537							0266				0393			
	峽															0337
	峻															0424重
	剛	0477							0231	0294						
	缺					0511					0414	0424	0425	0251		
	氣	0851	0154	0215		0706		0333	0405			0609			0282	0311
	特									0060		0072				
	郵	0752				0629			0368		0514	0541				0275
	造	0154		0047		0119	0052				0116	0122	0121	0077	0070	
	牷	0099														
	敉	0367														
	乘	0614		0163	0152	0537	0205	0248		0393	0438	0449	0449	0267		
	秙	0837														
	秫	0818					0285									
	租	0831			0195	0692	0291									0304
	秩	0826				0689			0399		0563	0592	0574			
	秊	1220			0279	1007	0396		0563		0785	0859	0823			0456
	笄				0129	0440				0318						
	悤							0255								
	倩										0624	0670	0655			

筆畫數	被檢字	（一）睡虎地秦簡	（二）放馬灘秦簡	（三）周家臺秦簡	（四）龍崗秦簡	（五）張家山漢簡	（六）鳳凰山漢簡	（七）孔家坡漢簡	（八）尹灣漢簡	（九）武威漢簡	（十）居延漢簡	（十一）居延新簡	（十二）敦煌漢簡	（十三）額濟納漢簡	（十四）武威醫簡	（十五）東牌樓漢簡
十畫	倀						0335									
	借											0687	0668			
	倚									0559	0632	0680				
	倈												0686			
	俳															0358
	俶									0553						
	條									0410	0451	0464				
	脩	0461		0125		0395	0141			0280	0334	0343	0342			
	俱					0789					0630	0678				
	倡					0810										
	傷	0974														
	恁								0582							
	隻						0127									
	倍					0807		0379				0696			0323	
	倠											0708				
	倓											0671				
	臬					0564										
	臭	1179														
	射	0582重			0148重		0196重	0231重	0284	0378重	0416重	0426重	0428重	0253重	0208重	
	皋	1230		0299												
	躬								0424重					0354重		
	息	1240	0206			1019	0399		0573		0796		0833		0404	
	俑					0799										
	烏					0349			0208		0299		0309		0140	
	倨	0956														
	師	0685				0582			0338	0438			0488			
	衄														0192	
	徆										0330					

十畫	徒	0150			0038	0113			0088	0095	0111	0116	0116	0074		
	虒	0540														
	徑					0141										0085
	徐	0186				0148			0111	0114	0143	0151		0088		
	殷										0671	0725				0378
	舨						0360									
	般									0620						
	郚						0134									
	殺	0341			0091	0290		0142		0204		0265	0257			
	⿰侖刂					0427										
	釜						0098重				0230重					
	豻	1143														
	豺	1142			0253								0777			
	豹	1140					0380						0776			
	奚										0791					
	倉	0575				0507		0227			0411	0420	0420	0248		0226
	飤	0564														
	飢	0568				0501		0223					0413			
	衾					0849	0353		0481							
	翁						0126				0288	0304	0295			
	胭					0407										
	脡									0287						
	胻	0455				0386		0189			0330					
	脈					1093重									0449重	
	脂	0463				0399						0344	0343	0200	0163	
	胳									0270						
	胲									0274						
	脇									0268						
	⿰犭酉	1184														
	狸								0549							
	狼	1185			0269							0840			0387	

筆畫數	被檢字	(一)睡虎地秦簡	(二)放馬灘秦簡	(三)周家臺秦簡	(四)龍崗秦簡	(五)張家山漢簡	(六)鳳凰山漢簡	(七)孔家坡漢簡	(八)尹灣漢簡	(九)武威漢簡	(十)居延漢簡	(十一)居延新簡	(十二)敦煌漢簡	(十三)額濟納漢簡	(十四)武威醫簡	(十五)東牌樓漢簡
十畫	卿	1096				0914			0520	0643	0728	0780	0754	0431		0421
	逢	0158	0041			0123			0093			0126	0124			
	桀	0612						0247					0448			
	畚	0579				0510										
	留	1557				1293	0492		0759	0908	0978	1087	1046	0598	0518	0567
	芻	0058			0017	0048	0028	0026								
	訏	0259														
	訖											0208	0199			
	訊	0235				0201					0183					0106
	記								0143	0155	0198	0206	0198	0121		0111
	訑	0269														
	衰	1023								0605					0338	
	畝	1553重				1287重	0490重							0595重		
	高	0589		0157		0518		0235	0288		0421	0430	0430	0255	0212	
	亳	0591														
	郭	0760					0268	0289			0525	0550	0532	0312		
	袤	1008				0842					0673	0727	0701	0402		0380
	席	0943		0234		0776	0319		0440	0544	0615	0658	0644			
	庫	1116									0739					0427
	庚											0644	0631		0301	
	病	0910	0166	0228		0745	0310	0360	0426	0533	0604	0643	0628	0357	0295	
	疻	0915				0751										
	疰	0922														
	疾	0908	0165	0227	0205	0743		0359	0425		0602	0641	0627	0356	0294	0328
	脊	1396						0530		0812						
	效	0350				0297							0263			
	唐					0094	0045		0074		0088		0097			0050
	悆												0852			

十畫	庯										0603					
	竞						0083									
	部	0755			0178	0633					0518	0543	0525	0310		0276
	竝	1236				1017			0571	0713	0794	0866	0830	0473		
	旁	0006		0005	0005	0007	0004		0006	0004	0007	0006		0007	0005	
	旄	0786														
	旅	0787		0198						0480						
	旃												0550			
	效												0733		0350	
	畜	1558	0243	0380		1294	0493	0596			0979	1088	1047	0599		
	玆	0428				0356							0320		0145	
	羞	1681								0973						
	羖									0251						
	羔				0109											
	恙	1266						0480			0815	0889	0855	0483		0481
	瓶						0194重									
	拳	1364														
	敉							0149								
	粉								0406							
	料	1600														
	鬲														0305	
	益	0543	0103	0142		0483	0181	0212			0391	0399	0398		0188	0215
	兼	0841				0698				0508	0571	0602	0585	0340		0308
	朔	0792		0202		0662	0275	0306	0388	0484	0545	0572	0555	0323	0268	0295
	郯								0374							
	浦												0880			
	酒	1693		0433		1409	0548			0980	1071	1196	1147	0672	0566	0630
	涉												0887重			
	消							0497							0439	
	涅					1084										
	浞					1066										

筆畫數	被檢字	（一）睡虎地秦簡	（二）放馬灘秦簡	（三）周家臺秦簡	（四）龍崗秦簡	（五）張家山漢簡	（六）鳳凰山漢簡	（七）孔家坡漢簡	（八）尹灣漢簡	（九）武威漢簡	（十）居延漢簡	（十一）居延新簡	（十二）敦煌漢簡	（十三）額濟納漢簡	（十四）武威醫簡	（十五）東牌樓漢簡
十畫	涓														0430	
	海							0491	0609		0827	0908	0874		0429	
	涂	1277		0308		1041		0485	0599							
	浴	1302		0315		1074										
	浮	1283				1054			0612							
	流	1312重				1088重		0499重	0631重				0886重			0496重
	涕								0629		0843					
	浣						0412			0748重						
	涌								0614							
	浚														0441	
	悍	1255				1027	0402									
	悒					1026										
	悔	1264							0588			0887				0480
	害	0889		0225		0733	0307	0352			0597	0634	0619			
	冠					0761	0312									
	家	0861		0217		0715		0341	0409	0515	0579	0614	0598			0312
	宵	0881	0160			0730				0525						
	宴									0518						
	宮	0895	0162			0735		0354	0421	0532		0637				
	容	0874								0520	0588	0625	0609		0287	
	窋	0904														
	宰					0726				0522					0288	
	宭									0521						
	案	0656				0561	0221				0461	0473	0471			0248
	窓	1272														
	冣	0925				0762	0313	0364	0427							
	冢	1099			0242	0918						0784				
	扇	1339				1112	0420					0957				

十畫	袪									0597						
	袒									0604						
	袍						0348			0596	0676	0728				
	被	1017							0480	0602	0679	0732		0403		0382
	冤											0832	0794			
	書	0328			0086	0278	0107		0176	0198	0246	0260	0250	0160		0141
	帬	0941							0439							
	展										0689		0715			
	昬					0647									0262	
	弱	1085				0901		0426				0771			0357	
	陸	1623				1351	0518									
	陵	1620				1348	0516		0783		1023		1093			0595
	陳	1634					0519		0786	0944	1029	1148	1100	0636		0599
	牂											0311				
	孫	1456				1209		0562	0708	0853	0931	1030	0988		0492	
	祟	0019	0007													
	陰	1621				1349		0619	0784		1024	1142	1094		0541	
	斨	0060	0013													
	陶		0249				0520			0945			1101			
	陷	1627									1027	1144				
	胥									0276						
	烝								0555	0693						
	姬					1161										
	娙									0823						
	娉											1000				
	挐					1155										
	恕											0878				
	娓												0966			
	脅					0378			0222	0268		0338			0156	
	畚	1447														
	通	0159				0124			0094		0119	0127	0125	0079	0073	0074

筆畫數	被檢字	（一）睡虎地秦簡	（二）放馬灘秦簡	（三）周家臺秦簡	（四）龍崗秦簡	（五）張家山漢簡	（六）鳳凰山漢簡	（七）孔家坡漢簡	（八）尹灣漢簡	（九）武威漢簡	（十）居延漢簡	（十一）居延新簡	（十二）敦煌漢簡	（十三）額濟納漢簡	（十四）武威醫簡	（十五）東牌樓漢簡
十畫	能	1190		0284	0272	0975	0390		0552	0690	0768	0842	0803		0388	0446
	務	1564			0335							1096	1054			0573
	桑	0682	0126			0580		0260							0248	
	紸													0573		
	純						0452			0856			0991			
	紋	1493														
	紗						0471									
	納									0858		1033				
	紤	1492														
	紟								0731							
	紙	1488														
	紡	1463														
	紖					1236										
	紐										0945					
十一畫	舂	0853			0198	0709						0610				
	責	0733				0615	0258	0278			0505	0529	0512	0304		0269
	理								0018				0021			
	琅								0019				0025			
	镸毛														0372	
	堵	1528							0750							
	措									0791						
	域												0973重			
	掩							0526								
	埱	1542														
	焉	0418				0351		0174	0210	0246		0318	0311	0186		
	菶	1228														
	埍	0034														
	捶												0946			

十一畫	埦					1281										
	赦	0358									0268	0278	0270			0149
	赧					0999										
	推									0786		0972	0930	0522		0514
	堆												1039			
	埤	1540														
	埶					0263										
	逵	1647重														
	授								0668	0793	0880					
	捶													0532		
	教	0369				0311					0273	0283	0276	0170		0151
	掖	1392									0890	0989		0531		
	捽	1376														
	掊								0667							
	執	1225						0469	0565	0705	0788	0861				
	捲									0806						
	掮	1366				1132										
	探					1151										0519
	据					1144										
	掇	1386														
	基									0893						
	聊												0922			
	娶									0816						
	菁									0027						
	著					0054							0062			
	萁											0026				
	菆								0041						0034	
	堇	1547										1080				
	勒								0160		0229		0230			
	萊					0051			0039			0050				
	菩	0070				0053		0031	0042		0057	0054	0060	0033	0035	

筆畫數	被檢字	（一）睡虎地秦簡	（二）放馬灘秦簡	（三）周家臺秦簡	（四）龍崗秦簡	（五）張家山漢簡	（六）鳳凰山漢簡	（七）孔家坡漢簡	（八）尹灣漢簡	（九）武威漢簡	（十）居延漢簡	（十一）居延新簡	（十二）敦煌漢簡	（十三）額濟納漢簡	（十四）武威醫簡	（十五）東牌樓漢簡
十一畫	菲									0042						
	菓														0036	
	萌											0032	0041			
	菌						0022									
	萆											0041				
	菥				0055											
	菍															0026
	荅								0043	0047		0058				
	萃										0040		0044			
	菹									0036						
	菅									0029						
	乾	1655		0408		1374				0961		1163	1116		0551	
	萧													0022		
	菑	0056														
	菑					0044			0036							
	械											0486				
	梗	0630									0446			0271	0228	
	梀								0320							
	梧								0311	0403					0226	
	桓									0343						
	梧	0655		0171		0560	0219				0460	0472			0240	
	梅						0207									
	柞				0155											
	梔						0234新									
	梌	0675														
	桼										0484	0504	0493	0294		
	麥	0602	0118			0529		0241			0432	0442	0438		0217	
	梮									0416						

十一畫	梓											0454				
	椆						0237									
	救	0357				0303										
	⿰孝殳					0289										
	斬	1615		0397	0347	1346				0936		1139	1090	0631		
	專									0208			0261	0164		
	郾								0370							
	曹	0521							0256	0333	0371	0384	0382	0224		0204
	敕										0267			0169		
	⿰束斤													0622		
	副					0419			0233		0340	0353				
	區										0918	1016				0541
	跧	1000														
	堅	0332				0281	0109				0249	0262	0253	0161		
	豉					0713 重										
	票	1198														
	栗									0492						
	⿰酉犬	1184				0973										
	殹	0339	0072	0095	0090	0288										
	脣	0446				0371										
	戚										0913					
	帶	0939				0772		0369	0436	0541		0655	0642			
	逨															0084
	爽	0377														
	胥			0278 重												
	⿰豸刃					0951 重										
	盛			0141		0481	0178	0211		0346	0388				0186	
	頃	0988				0826					0657		0687	0391	0328	0365
	鹵															0506
	⿰火聿					0362										
	虛	0996		0248	0226	0832		0390		0585				0396		

筆畫數	被檢字	（一）睡虎地秦簡	（二）放馬灘秦簡	（三）周家臺秦簡	（四）龍崗秦簡	（五）張家山漢簡	（六）鳳凰山漢簡	（七）孔家坡漢簡	（八）尹灣漢簡	（九）武威漢簡	（十）居延漢簡	（十一）居延新簡	（十二）敦煌漢簡	（十三）額濟納漢簡	（十四）武威醫簡	（十五）東牌樓漢簡
十一畫	虖					0478										
	處	1589重		0386重		1325重		0607重	0772重		1004重	1123重	1075重	0616重		0582重
	堂	1531				1265				0894		1067	1030			0561
	常	0940				0773		0370	0438	0542	0614	0656	0643		0309	0335
	晨	0790重	0141重													
	敗	0360			0098	0306		0150				0279	0272		0121	
	販				0172	0617		0279		0461		0531				
	貶								0361							
	⿰日㐬					0322										
	野		0240			1284	0488	0593		0904	0971	1082				
	閉	1348	0221	0336		1118		0519					0917	0511	0463	
	閇							0519					0917	0511		
	問	0115		0033	0031	0087		0054	0066	0073	0083	0089	0090	0052		0045
	婁	1413		0353				0544								
	曼											0248	0238			
	晦	0772						0296	0381		0535	0561	0543		0263	
	昨										0536					
	晚								0380							
	畦										0973					
	時					1290										
	異	0289		0080		0249	0091	0120		0173	0222	0235		0139	0099	0126
	跂										0158					
	距					0171										
	略					1291					0976	1085	1044	0596		
	蛇	1514重				1255重						1060重			0507重	
	唬													0057		
	累											1045	1008	0566		0553
	國					0593	0247	0268	0348	0446	0488	0508	0497	0297		

十一畫	患								0590			0890				
	唯	0116				0088		0055	0067	0074	0084	0090	0091			0046
	啐									0078						
	眾	0997				0833	0344	0391	0472	0586	0663	0718				0372
	帷					0774	0318									
	崔										0735	0790				
	嵭									0651						
	崩									0651						
	崇								0526	0652		0789	0764			
	朙	0795		0205		0665		0308	0391	0487	0549	0574	0559	0325		0297
	圈	0701														
	過	0153	0040	0046	0039	0117		0074	0090	0098	0114	0120	0119	0076	0069	
	掣	0345														
	移	0822				0687	0287				0561	0590	0572	0333		
	動					1304						1100				
	笙									0321						
	符	0503			0128	0439	0153			0316	0357	0367	0367			
	笱	0215		0065		0181			0122							
	笵					0438										
	笥					0441	0154			0319	0358	0368				0192
	第								0247	0325	0361	0372	0370	0214		
	笞					0447									0174	
	敏									0211						
	偃					0812	0336				0648	0699	0678			
	偕	0958			0213	0788						0677		0375		
	偒	0974														
	偶						0339			0574						
	偷										0655					
	倐	0966				0800					0641	0689	0669	0380		
	貨	0713		0184				0274		0451	0497					
	偑				0223	0821										

筆畫數	被檢字	（一）睡虎地秦簡	（二）放馬灘秦簡	（三）周家臺秦簡	（四）龍崗秦簡	（五）張家山漢簡	（六）鳳凰山漢簡	（七）孔家坡漢簡	（八）尹灣漢簡	（九）武威漢簡	（十）居延漢簡	（十一）居延新簡	（十二）敦煌漢簡	（十三）額濟納漢簡	（十四）武威醫簡	（十五）東牌樓漢簡
十一畫	進					0118		0075	0091	0099	0115	0121	0120			0071
	倚									0559	0632	0680				
	偏					0808						0697	0676			
	烏	0411			0111			0171	0202		0295					
	兜										0700					
	臬									0511						
	假				0216	0798			0454	0565						
	偉													0372		
	悤	1207														
	術	0195		0061		0158		0091		0124	0153					
	徙	0160			0040	0125		0078			0120	0128				
	條									0410						
	脩						0141			0280						
	得	0188	0048	0057	0049	0151	0057	0086	0113	0119	0146	0155	0150	0090	0081	0090
	從	0991	0174	0245	0224	0828	0342	0386	0468	0581	0658	0713	0688	0392	0329	0366
	船	1048				0869	0358									
	釪						0504									
	鈦											1115				
	鈒								0769							
	釣						0503									
	鉈									0923						
	釼					1324										
	悉	0093				0068										0036
	欲	1061		0258	0234	0880		0416	0500	0628	0706	0756	0732	0419	0349	0401
	⿰豸今	1146														
	⿰飠巳									0367						
	酓							0659								
	貪					0620			0360		0509					

十一畫	貧	0738				0621		0281				0534	0517			
	脯	0460				0394	0140			0279	0333					
	脰									0262						
	豚			0278重		0951重	0379重									
	脛										0329				0159	
	脱	0457				0389						0341		0198		
	魚	1323		0322	0290	1100	0414		0641	0757	0855	0945	0902		0452	
	象	1149							0539	0674						
	急								0594							
	猪											0814				
	猗											0835				
	慭	1269重														
	觘									0312						
	斛										1011	1130	1082			
	猛										0764	0838		0454		
	蚤					1251										
	祭	0011								0011	0014					
	匘	0989														
	訮					0222										
	詠	0270														
	許	0229		0074		0193			0135	0145	0178	0186	0181			0103
	訞					0234										
	訢								0142							
	訟			0076		0224								0124		
	設					0212				0153	0196			0120		
	減												0884	0496		
	孰	0308				0264		0126		0182		0243				
	庶	1123			0243	0934			0530	0660		0799				
	麻	0858						0338		0513	0577		0597		0284	
	庳														0299	
	庱														0298	

筆畫數	被檢字	（一）睡虎地秦簡	（二）放馬灘秦簡	（三）周家臺秦簡	（四）龍崗秦簡	（五）張家山漢簡	（六）鳳凰山漢簡	（七）孔家坡漢簡	（八）尹灣漢簡	（九）武威漢簡	（十）居延漢簡	（十一）居延新簡	（十二）敦煌漢簡	（十三）額濟納漢簡	（十四）武威醫簡	（十五）東牌樓漢簡
十一畫	痔					0750										
	庾											0797				
	痽					0935										
	庳					0933	0372									
	痔					0750										
	痏	0916				0752										
	痍	0917				0753										
	疵	0911						0361					0629			
	痤							0435								
	痒	0918重				0757重		0362重							0302重	
	康	0827重							0400重		0564重	0593重	0575重			
	庸	0376				0316	0121			0224		0288	0280			
	鹿				0262			0454		0680			0793			
	粢						0284重									
	章	0276				0238	0082		0149		0210	0223	0213	0129		
	竟					0239	0083				0211	0224	0214	0130		0118
	適					0139										
	産	0690		0178	0165	0587		0266	0343		0483	0500				0260
	竮									0712						
	商	0213	0052			0179				0134		0169		0098		
	族					0658		0302		0481						
	旋	0785				0657										
	望	1000				0835	0345	0393	0699		0666	0721	0694	0397		
	袤	1011				0845						0729				
	率								0739		0954	1053	1016			
	牽	0100				0073					0072					
	盖									0035	0045	0039		0024		
	羕											0938		0500		0498

十一畫	羛					1191重										
	桊							0013								
	敝	0949				0781				0547	0619	0663	0649			
	烰	1194														
	清	1284	0210	0310		1055		0492	0616				0876			
	浂	1292		0312		1061				0739						
	淩												0871			
	海												0874		0429	
	[illegible]												0874			
	涷														0419	
	渠	1289							0621		0835	0916		0494		
	淺					1057										
	淑								0615							
	淖									0735						
	淮					1048			0604		0825					
	淫	1285				1056										
	涼											0923	0883			
	淳	1303							0626	0747	0842	0926			0445	
	淬					1072										
	涫									0743						
	深	1279				1047		0488	0603	0724		0902	0869	0487	0423	0493
	[illegible]					1052										
	梁					0569			0326		0470	0483	0478	0282	0243	
	情												0834			0464
	惓											0894				
	愓					1034			0592			0892				
	惟								0579							
	惓															0488
	寇	0361				0307	0118				0270	0280	0273			0150
	㝡					0762	0313									
	寅	1682	0271	0424	0360	1399	0542	0649	0815		1060	1186	1137		0557	0622

筆畫數	被檢字	（一）睡虎地秦簡	（二）放馬灘秦簡	（三）周家臺秦簡	（四）龍崗秦簡	（五）張家山漢簡	（六）鳳凰山漢簡	（七）孔家坡漢簡	（八）尹灣漢簡	（九）武威漢簡	（十）居延漢簡	（十一）居延新簡	（十二）敦煌漢簡	（十三）額濟納漢簡	（十四）武威醫簡	（十五）東牌樓漢簡
十一畫	寄	0886					0306			0530	0595	0632				
	宿	0882		0223					0417	0526	0593	0629	0615	0352	0289	0322
	[illegible]														0292	
	窒	0905														
	寃											0832				
	[illegible]	0903														
	密	1112								0650			0763		0364	
	啟	0347	0073			0296		0145		0209						
	扈										0515					
	[illegible]	1026														
	祧				0230											
	袳									0600						
	視	1056				0877				0626	0703	0753	0729	0417		0398
	晝	0330	0070					0138		0199	0248	0261	0252		0114	
	逮	0163				0128	0055						0131			
	𣪘	0435重	0088重	0117重	0117重	0361重	0136重	0180重	0219重	0253重	0313重	0330重	0328重	0192重		0179重
	敢	0435重	0088重	0117重	0117重	0361重	0136重	0180重	0219重	0253重	0313重	0330重	0328重	0192重		0179重
	尉	1196				0984			0557		0772	0846		0459		
	屠										0690	0741				
	扁	1320														
	張	1450		0363		1204	0450		0704	0848	0925	1025	0983	0554	0489	0542
	隋	0459											0340			
	將	0344			0093	0294	0115	0144	0182	0207	0257	0268	0260	0163	0116	0143
	階									0947						
	隄	1630				1357		0624								
	陽	1622	0248	0399		1350	0517	0620	0785	0939	1025	1143	1095	0634		0596
	隅	1625						0621		0940						
	隃	1633														

十一畫	隆								0344			0501				
	隐									0943						
	隊										1031	1150	1104	0638		
	婧						0436									
	婢					1168	0433	0538				0996	0959			
	婦	1402		0348		1164		0535	0680	0818					0476	0525
	習	0392								0232	0287	0302				0164
	翏	0394														
	悳	1570重									0986重	1104重			0524重	
	參	0789重	0140重	0200重	0183重	0660重		0304重		0482重	0543重	0569重	0553重		0266重	
	剝			0129												
	貫						0279				0553	0580				
	鄉	0764			0179	0640	0269	0290	0376	0468	0526	0551	0534	0313		0281
	紺					1227							1004			
	結	1494														
	紱												1015			
	組	1482							0729		0944					
	細	1467		0367				0564			0936	1036	0996		0496	
	絈								0736							
	絇									0877						
	終	1475			0317		0456	0567	0718	0864	0940	1040	0999	0563	0497	
	紿				0313	1213										
十二畫	貳	0726								0459						
	絜	1490				1241				0882	0952	1049	1014	0570		
	琴											1012				
	替															0460重
	款														0348	
	跕					0944										
	堯												1040			
	堪	1530														
	堙	1543														

筆畫數	被檢字	（一）睡虎地秦簡	（二）放馬灘秦簡	（三）周家臺秦簡	（四）龍崗秦簡	（五）張家山漢簡	（六）鳳凰山漢簡	（七）孔家坡漢簡	（八）尹灣漢簡	（九）武威漢簡	（十）居延漢簡	（十一）居延新簡	（十二）敦煌漢簡	（十三）額濟納漢簡	（十四）武威醫簡	（十五）東牌樓漢簡
十二畫	項	1074				0892									0354	
	勢	1569				1306			0764			1103				
	越	0134				0100	0048			0085	0097	0102	0104	0062		
	趆	0136														
	超											0101				
	賁	0716								0454					0256	
	提	1373							0665							
	堤	1534														
	揚									0797	0882	0981				
	揖									0783			0928			
	博						0071		0125	0140	0169	0176	0171	0102		
	尌	0535						0209								
	喜	0533	0102			0473	0173		0262		0380	0394				0212
	彭					0475			0264		0382		0391	0230		
	戠									0283						
	塊									0892重						
	煮														0104重	
	堠											1077				
	揗									0789						
	揄	1382														
	敹	0368														
	援	1387				1150										
	裁							0397								
	達	0165								0106	0126					0078
	報	1226				1011		0470		0706	0789	0862	0825	0468		
	揘	1393														
	揮					1152										
	壹	1224				1010		0468		0703	0787				0400	

十二畫	壺	1223		0297			0397			0702						
	壻	0034														
	搔									0796						
	晉	0779														
	惡	1263		0304		1031		0479		0721	0813			0482	0412	
	掾	1374				1139			0666		0879	0977	0937	0526		0516
	聑										0878	0975	0933	0525		
	斯						0506			0930					0532	
	期	0793	0143	0203		0663	0276		0389	0485	0547		0557			
	欺					0883										
	黃	1560	0244	0381		1295	0494	0597	0760	0909	0980	1089	1048		0519	0568
	萁	0073														
	葉	0049			0013											
	散	0464			0121				0226	0284						
	葢	0055		0013		0045	0027	0024		0035	0045	0039		0024		
	菙									0048						
	葬	0082			0021	0057		0033		0048						
	貰	0727									0504					
	畱	1557				1293	0492		0759	0908	0978	1087	1046	0598	0518	0567
	葥	0074														
	荐									0543						
	募	1573				1309							1061			
	萬	1648				1370	0528	0631	0794	0958	1039	1158	1112	0646		0606
	葛									0030			0039			
	菡					0034重										
	萩											0030				
	董											0059	0063			
	葆	0067								0043	0055			0032		
	蒐	0046														
	敬	1102				0920	0371		0522	0646	0731	0785	0757	0434		0422
	葱	0063		0015							0050	0047				

筆畫數	被檢字	（一）睡虎地秦簡	（二）放馬灘秦簡	（三）周家臺秦簡	（四）龍崗秦簡	（五）張家山漢簡	（六）鳳凰山漢簡	（七）孔家坡漢簡	（八）尹灣漢簡	（九）武威漢簡	（十）居延漢簡	（十一）居延新簡	（十二）敦煌漢簡	（十三）額濟納漢簡	（十四）武威醫簡	（十五）東牌樓漢簡
十二畫	葋								0044							
	葥										0033					
	落					0041			0033							
	葦														0017	
	悳					1022										
	朝	0781		0197		0653			0386	0477						
	皕						0550									
	葮												0055			
	喪	0131	0034			0098		0064		0082						
	辜	1665				1385						1173				
	葦	0065									0051	0049	0054		0032	
	菱															0017
	葵						0015			0026	0030					
	楮	0625														
	植															0247
	焚	1197														
	棫				0154					0397						
	棲	1336重						0512重								
	椒														0249	
	椁														0238	
	椎	0661									0464	0474	0472		0241	
	椑	0658														
	棦									0434						
	棓					0563										
	椄	0664									0465					
	棺				0160	0574	0233		0331					0285		
	椐									0398						
	極					0555			0319	0414			0467			0246

十二畫	軲	1616														
	軸											1134				
	軵					1345										
	軫	1607		0396												
	軺				0344		0511				1015					
	惠	0425					0132		0215		0305		0317			0175
	惑	1258							0585							
	腎	0447				0372					0317					
	粟	0804				0672	0281	0314			0556	0584	0566	0329		
	棗	0806				0674				0494					0273	
	棘	0807							0398	0495						
	酤						0550									
	酢	1696								0984					0570	
	厦						0446									
	雁										0290					
	觚							0526								
	厥					0937				0663						
	裂	1019				0851										
	雄							0165	0199						0133	0166
	雲	1321			0289			0504	0639			0943	0900			
	雅	0395				0334							0298			
	晳									0332			0380			
	悲	1265				1032							0854			
	辈	0407														
	紫						0464									
	敞										0263	0273		0167		
	堂									0894			1030			0561
	棠												0454			
	掌												0926			
	暴	0659														
	暑	0775				0650		0299								0290

筆畫數	被檢字	（一）睡虎地秦簡	（二）放馬灘秦簡	（三）周家臺秦簡	（四）龍崗秦簡	（五）張家山漢簡	（六）鳳凰山漢簡	（七）孔家坡漢簡	（八）尹灣漢簡	（九）武威漢簡	（十）居延漢簡	（十一）居延新簡	（十二）敦煌漢簡	（十三）額濟納漢簡	（十四）武威醫簡	（十五）東牌樓漢簡
十二畫	最	0928						0366	0429		0607	0647				
	量	1002								0588					0333	
	睆					0318重										
	鼎									0497						
	擊					1130										
	閏	0024							0014		0021	0018		0014		
	開	1345	0219			1115		0517	0654							
	閎										0867			0510		
	閒	1346	0220			1116		0518	0655	0771		0961	0915		0462	
	閔									0773				0514		
	遇	0157		0048		0122		0077	0092			0125				0072
	遏											0140				
	景										0533					0285
	斮														0532	
	跗					0172										
	貴	0742		0188		0625		0283	0362	0463	0510	0536	0519			0273
	蛕					1245										
	⿰虫出	1508														
	墅		0240													
	鄍						0266									
	單	0129		0038			0047		0079		0093	0099	0102	0059		0056
	喉														0051	
	喙														0050	
	敳	0999														
	幅	0938								0540						
	買	0735		0187	0173	0618	0260				0507	0532	0514	0306		
	詈					0769										
	⿰巾盾											0659	0645	0365		

十二畫	黑	1204		0290		0992	0392	0463	0558	0696	0778	0852	0816	0463		0452
	圍	0707						0270	0351		0493	0512				
	骭					0366										
	甥									0911						
	無	1437				1194				0840		1015			0487	0540
	鈲	0580				0512										
	短	0586				0516	0197	0233		0380	0418					
	智	0389		0109	0105	0328	0124									0162
	犆													0045		
	剩												0357			
	補												0583			
	稍	0832				0694				0503		0597			0278	
	程	0836			0197	0696					0570	0601	0582	0339		
	稀	0815														
	黍	0842		0213		0699		0331		0509	0572	0603	0586			
	棃												0450			
	稅			0212	0196	0693										0305
	喬								0562							
	等	0502			0127	0437	0152	0196		0315	0356	0366	0366	0213	0173	0191
	筑	0507														
	策												0369			
	筴															0194
	答															0193
	筋	0471			0122	0411										
	筍						0151									
	筈						0157									
	筆	0327							0175		0245		0249	0159		
	備	0957				0787	0327			0556	0629	0676	0660			0347
	傅	0959		0239		0790	0328		0450			0679			0315	
	舃														0141	
	貸					0605	0254		0355				0506		0257	0266

筆畫數	被檢字	（一）睡虎地秦簡	（二）放馬灘秦簡	（三）周家臺秦簡	（四）龍崗秦簡	（五）張家山漢簡	（六）鳳凰山漢簡	（七）孔家坡漢簡	（八）尹灣漢簡	（九）武威漢簡	（十）居延漢簡	（十一）居延新簡	（十二）敦煌漢簡	（十三）額濟納漢簡	（十四）武威醫簡	（十五）東牌樓漢簡
	順	1076				0894				0634	0715	0765	0740			
	傒					0815										
	集										0294重	0314重	0304重			
	焦	1199重		0288重							0773重	0847重	0809重	0460重	0393重	
	剩	0486														
	憂	1650														
	衆									586	0663	0718				0372
	街	0196		0062				0092								
	衖	0200														
	偞						0060									
	御	0190		0058	0051	0153	0059	0087		0120	0148		0152			0091
	復	0180		0055	0046	0142		0083	0108	0112	0139	0147	0144	0087	0079	0086
	循	0184			0048	0146	0056				0142	0149	0147			
	假									0116	0144	0153				
十二畫	須	1084	0188	0264		0900			0511	0638	0719	0770	0748		0356	0416
	舒						0134			0251	0308		0322			
	鉅					1323				0922						
	鈍								0771							
	欽	1060										0755				
	鈞	1586				1322	0502			0921						
	逾														0071	
	翕											0305	0296			
	殽	0340		0096						0203						
	番							0041	0055		0067					
	禽					1369				0957			1111			
	爲	0307	0064	0084	0078	0262	0099	0125	0161	0181	0232	0242	0234	0145	0105	0131
	舜												0443			
	㒸	0432														

十二畫	創								0239重	0304重					0171重	
	飭	1571								0915						
	飯	0563				0497				0362	0404		0410		0199	
	飲	1065		0260		0884	0364			0631	0708	0759	0735	0421	0352	0403
	腊	0778重							0383重	0474重						
	腆										0331					
	腴									0273						
	脾					0373				0264		0337	0333			
	腤	0462														
	勝	1566		0383		1302	0496	0601		0913		1099	1057			0576
	腔	0468新														
	腏			0126												
	脅					0404新										
	猲					0966										
	猥										0762					
	猨								0550							
	猴								0548							
	猶	1184				0973				0688						0444
	觚									0311	0352					
	然	1192			0274	0978		0458	0554	0691			0805			
	貿	0730				0613										
	鄉										0523					
	訶												0203			
	詛	0255						0111		0156						
	詷					0228										
	詐	0258				0223				0157		0214				
	診	0264				0231						0218				
	詢	0265重				0233重										
	詑					0216										
	詘					0227			0145	0159	0204					
	詔					0205			0141	0151	0188	0196	0192	0114		

筆畫數	被檢字	（一）睡虎地秦簡	（二）放馬灘秦簡	（三）周家臺秦簡	（四）龍崗秦簡	（五）張家山漢簡	（六）鳳凰山漢簡	（七）孔家坡漢簡	（八）尹灣漢簡	（九）武威漢簡	（十）居延漢簡	（十一）居延新簡	（十二）敦煌漢簡	（十三）額濟納漢簡	（十四）武威醫簡	（十五）東牌樓漢簡
十二畫	詒	0252														
	馮											0825	0787	0449		
	減												0885			
	就	0594				0522			0293	0384	0426	0435	0433			
	稾						0288				0565			0335		
	敦	0359			0097	0305	0117			0218	0269		0271			
	廁	1121				0931										
	廚											0795				
	庳							0440								
	廆						0373									
	廥					0759										
	㾓														0295	
	痙														0300	
	瘦					0760										
	痛	0909				0744					0603	0642				
	勧	1574														
	粢						0284重									
	竟														0256	
	童	0277	0061			0240	0084	0114	0150	0164						
	啻	0120	0031					0058								
	桊									0435						
	棄	0421重			0113重	0352重		0175重	0211重		0302重		0313重			
	鄗												0526			
	善	0274重	0059重	0077重	0069重	0236重		0113重	0148重	0163重	0208重	0221重	0210重	0128重		0117重
	翐					0343										
	翔								0197							
	普										0539	0565	0547	0320		
	尊	1698重				1413重			0825重	0990重	1073重	1199重	1148重	0674重		

十二畫	道	0175	0044	0053	0044	0137		0081	0105	0110	0137	0143	0140	0086		0083
	遂					0132			0100	0107	0128	0135			0076	
	曾								0051	0053	0063	0065	0069		0043	0032
	焞					0985										
	勞	1568				1305					0985	1101	1058	0605		
	湗	1309														
	湛									0740						
	渫	1304														
	湘															0492
	減	1306			0287	1081					0844		0884	0496		
	測								0613							
	湯	1299							0625		0841	0922				
	温			0307		1039		0484			0820	0899	0864		0420	
	渴					1067										
	渭	1278														
	滑									0733	0831				0432	
	淵										0829	0912	0877			
	滄												0411重	0242重		
	盜	1066	0185	0261	0236	0885		0418	0503		0709	0760	0736			0405
	渡	1294				1063					0837	0919				
	游	0784				0656				0479	0542	0568	0551			
	湓														0187	
	溉	1280								0726						
	惶								0593				0857			0484
	惲										0804	0876	0842			
	割	0482								0300						
	寂	0925														
	寒	0888				0732		0351			0596	0633	0618		0290	
	富	0871		0220				0345			0586	0623	0607	0349		
	寔															0316
	寓	0887														

筆畫數	被檢字	（一）睡虎地秦簡	（二）放馬灘秦簡	（三）周家臺秦簡	（四）龍崗秦簡	（五）張家山漢簡	（六）鳳凰山漢簡	（七）孔家坡漢簡	（八）尹灣漢簡	（九）武威漢簡	（十）居延漢簡	（十一）居延新簡	（十二）敦煌漢簡	（十三）額濟納漢簡	（十四）武威醫簡	（十五）東牌樓漢簡
十二畫	寑									0527						
	窻	0865														
	寄									0530						
	寣										0277					
	鄐			0190		0630										
	運												0127			
	雇					0340										0165
	補	1020				0852			0482		0681	0734				
	禄	0008					0006			0008	0009			0009		0007
	畫	0329		0092		0279	0108		0177		0247		0251			
	閑	1351														
	閒				0296											
	舳										0512					
	屖	0103														
	𡲬	1041														
	弻															0547
	强	1501				1247		0574	0741		0955	1055		0574		0555
	費	0732					0257		0359			0528				
	粥									0179					0103	
	疏	1679				1397	0541		0813	0972	1058	1184	1135			0620
	萬	1651														
	喙					1069	0409								0443	
	媧							0547								
	絮	1486				1238			0734		0949	1048	1011	0568	0499	
	嫂									0823						
	媚	1408				1171										
	賀	0717						0277	0354		0499	0519	0504			0265
	登								0084		0103	0108		0068		

十二畫	發	1454		0365		1208		0561	0706	0851	0929	1028	0985	0557	0491	0546
	婺							0542								
	胥			0126												
	彘				0251	0950						0818		0445		
	結	1472		0369		1219		0566		0862						
	絝						0467		0732		0946		1006			
	絰									0881						
	紕						0464									
	絖									0879 重						
	絪						0472		0737							
	給	1474			0316	1221	0455				0939	1039		0562		
	絳										0942	1042	1002			
	絡	1487				1239					0950					
	絶	1464	0233	0366	0314	1214		0563	0713	0859	0935	1034	0994		0494	0550
	絞									0701						
	統									0857						
	絲	1498					0474	0571								
	幾	0424				0354		0177	0214			0323	0316			
十三畫	瑟									0838	0915					
	瑕								0017							
	魂														0362	
	髡	1088														
	肆									0668						0431
	搒	1365				1131										
	搷												0951			
	載	1610					0512			0934	1017	1135		0627		
	馳				0260						0757	0826	0789	0450		
	摵												0940			
	鄢	0758														
	遠	0174	0043	0052		0136		0080	0104	0109	0136	0142	0139	0085	0078	
	鼓	0536							0265	0341	0384	0396		0231	0184	

筆畫數	被檢字	（一）睡虎地秦簡	（二）放馬灘秦簡	（三）周家臺秦簡	（四）龍崗秦簡	（五）張家山漢簡	（六）鳳凰山漢簡	（七）孔家坡漢簡	（八）尹灣漢簡	（九）武威漢簡	（十）居延漢簡	（十一）居延新簡	（十二）敦煌漢簡	（十三）額濟納漢簡	（十四）武威醫簡	（十五）東牌樓漢簡
十三畫	憙	0534														
	毃	1246														
	搗														0473	
	塢											1078		0591		
	裻	1027														
	搖					1145										
	搋									0811						
	彀	1673														
	聖	1355				1123	0423		0656		0871	0965	0923	0516		
	蓋	0055		0013		0045	0027	0024		0035	0045	0039		0024		
	萴						0025									
	勤															0577
	靳	0299					0097				0228			0142		
	鞏	0765重				0641重		0291重					0535重			
	幕					0775				0543						
	蒠										0813				0412	
	夢	0799			0186											
	蒼					0040	0023				0039	0034	0043			
	蓬										0054		0058	0031		
	蒚															0027
	蒿		0015					0029								
	蒹												0038			
	蒲	0045				0033	0019				0037		0036		0021	
	蒙										0052	0051	0056			0023
	楳															0236重
	楪												0484			
	禁	0020			0007	0015			0011	0015	0018	0015	0014		0008	0009
	楚	0680				0579			0336							

十三畫	楅									0430						
	楨												0466			
	㮨											0490				
	楊					0540	0211		0309		0443		0456	0270		
	想															0468
	楬			0172												
	椯	0660														
	椴												0485			
	𣗳						0230									
	槐											0456	0457			
	晢		0168													
	榆	0629											0459			
	嗇	0599	0117重		0149	0527		0239	0297	0387	0430	0440	0436			
	絜					0909				0641					0359	
	楢				0153											
	椶						0230									
	梜					1151										
	楄									0429						
	楹									0416						
	椽										0456					
	裘	1029											0707			
	毄	0336		0094		0285	0112	0141	0180							
	剽	0483											0352			
	甄					1203				0845						
	賈	0734	0133		0171	0616	0259				0506	0530	0513	0305		0270
	𨠑					1412										
	酭									0988						
	感														0414	
	㥏	1267														
	碓											0806				
	貇	1136				0948										

筆畫數	被檢字	（一）睡虎地秦簡	（二）放馬灘秦簡	（三）周家臺秦簡	（四）龍崗秦簡	（五）張家山漢簡	（六）鳳凰山漢簡	（七）孔家坡漢簡	（八）尹灣漢簡	（九）武威漢簡	（十）居延漢簡	（十一）居延新簡	（十二）敦煌漢簡	（十三）額濟納漢簡	（十四）武威醫簡	（十五）東牌樓漢簡
十三畫	殤							0181		0255						
	雷									0756						
	殞							0422								
	頓								0508		0716		0741			0409
	督											0293	0284	0175		0156
	歲	0144		0042		0107	0050	0070	0085	0090	0105	0110	0111		0066	0063
	貲	0741			0175			0282								
	訾	0257					0081				0201	0213	0202			
	棗					0671			0396	0492						
	粲	0846				0702										
	虞					0477	0176		0268	0345	0387					
	虜						0280				0554	0581	0564	0327		
	業											0225	0216	0131		
	當	1556	0242	0379	0333	1292	0491	0595	0758	0907	0977	1086	1045	0597	0517	0566
	睢									0226						
	賊	1426			0305	1183			0693		0910	1007	0971			0534
	鄙	0751							0366							
	愚	1254									0810	0884	0849			0472
	盟	0796重														
	歇					0966										
	號	0528												0228		
	照															0449
	畸	1552														
	路										0157		0160			
	遣								0106							
	園	0703				0595	0249				0489					
	遣	0162				0127	0054		0098	0105	0124	0132	0130	0080		0077
	豊								0267	0344	0386	0397	0394	0232		

十三畫	農	0294		0082	0075	0255					0226	0238	0227		0101	0130
	嗣									0129			0162			
	喿	0207														
	嗌														0054	
	署	0932				0766			0434		0610	0650	0636	0362	0307	0333
	睪									0704			0824	0467		
	置	0934		0233	0209	0768				0537	0611	0652	0638		0308	0334
	睘	0379				0319			0188							
	罪	1664			0208	0765		0368	0432		0609	0649 1172	0635	0361		0331
	遝	0155				0120					0117		0122			
	蜀	1502				1248							1018	0575	0502	
	幏	0942														
	雉				0107					0234						
	幝											0079				
	稙							0320								
	穪						0292									
	稚								0403	0507			0584			
	稗	0821			0193											
	稄							0330								
	稠					0681										
	稖							0329								
	愁								0589							0482
	竒	1235														
	筭					0449	0161			0324		0370				
	筮	0504								0317						
	筴															0194
	節	0498			0126	0433			0244		0354		0364			0190
	筩					0443	0159									
	與	0291		0081	0074	0251	0093	0121	0159	0174	0224	0236	0224	0140	0100	0127
	傿								0459							

筆畫數	被檢字	（一）睡虎地秦簡	（二）放馬灘秦簡	（三）周家臺秦簡	（四）龍崗秦簡	（五）張家山漢簡	（六）鳳凰山漢簡	（七）孔家坡漢簡	（八）尹灣漢簡	（九）武威漢簡	（十）居延漢簡	（十一）居延新簡	（十二）敦煌漢簡	（十三）額濟納漢簡	（十四）武威醫簡	（十五）東牌樓漢簡
十三畫	備					0822										
	僟														0257	
	傳	0972			0219	0806	0334		0458	0570	0647	0695	0675	0385	0322	0356
	毀	1544重				1277重	0486重	0587重								
	晨					0254	0094									
	鼠	1188														
	牒	0809				0675	0283				0558	0585	0567	0331		0301
	筆	0409														
	僂	0979														
	僈											0709				
	催															0359
	傰	0986														
	賃	0739														
	傷	0976			0221	0813	0337	0380	0461		0649	0700	0679		0324	
	皐	1664										1172				
	皃					0291										
	魁					1334										
	敫	0430														
	頎												0745			
	鄓	0762														
	備						0327									
	桀	0838														
	衙					0159										
	微	0185				0147				0113		0150				
	衛									0307	0350		0361			
	衙	0198				0160										
	鉥	1580				1320										
	鉏										0999					

十三畫	鉤					0182					0164	0171	0166			
	鉛					1311										
	鉒												1073			
	鈹	1581									0997					
	愈								0595			0895			0415	
	僉				0144											
	會	0574				0506	0190	0226		0374	0410	0419	0419	0247		0225
	⿰飠尼	0567														
	愛	0606										0444	0441			
	貉	1144														
	亂	1656		0409		1375					1043		1117			
	⿰飠末							0049								
	飽					0498				0364						
	頌					0888										
	腜					0369										
	⿲月豕又	1138														
	腸			0121		0375		0186		0267	0321				0152	
	腢									0288						
	腹	0453		0122		0384		0188			0328		0338		0158	
	⿰月矦					0408										
	腦					0409							0344			
	詹					0063										
	肆	0326重								0197重						
	鳩												0306			
	解	0495		0131		0431		0195	0242	0308	0351	0362	0362	0211	0172	0189
	試	0240				0206					0191	0199				
	詿					0221										
	詩								0137	0148		0189	0183			
	詰	0262				0225										
	誠	0238				0204			0140		0186	0195	0191			0108
	誙	0271														

筆畫數	被檢字	（一）睡虎地秦簡	（二）放馬灘秦簡	（三）周家臺秦簡	（四）龍崗秦簡	（五）張家山漢簡	（六）鳳凰山漢簡	（七）孔家坡漢簡	（八）尹灣漢簡	（九）武威漢簡	（十）居延漢簡	（十一）居延新簡	（十二）敦煌漢簡	（十三）額濟納漢簡	（十四）武威醫簡	（十五）東牌樓漢簡
十三畫	詷	0244			0065	0211										
	誅					0232							0207			
	詬										0205					
	詾	0267														
	詣	0250				0214		0110			0199	0209	0200	0122		0114
	諍															0113
	詳					0199			0138			0190				0105
	詑								0146	0161			0208			
	詡										0195	0205	0196	0119		
	裏	1009				0843				0593	0674		0702			
	稟	0598				0526	0200					0439	0435			
	廚										0738					
	痹														0299	
	痿														0298	
	痍						0311									
	瘀														0296	
	痡					0760										
	廉	1122				0932			0529	0659				0440		
	資	0714				0602		0275		0452		0517				
	新	1598		0390		1332	0507	0613		0931	1009	1128	1080	0621		0586
	鄣					0639					0524	0548	0530			
	歆											0758				
	意	1242				1021	0400		0575		0798	0870	0835	0475	0406	0465
	雍	0400				0339				0236		0308			0132	
	義	1433				1190			0696	0837	0914	1011	0976	0548		0537
	羨				0235											0404
	豢												0775			
	煎					0983							0808		0391	

十三畫	慈									0719		0879				
	奧															0500重
	煙										0774		0811			
	煩	1077										0766	0743	0424	0355	0411
	煴			0289												
	煌										0775		0812			
	煖					0989										
	煇					0986										
	溝	1288						0494			0834	0915		0492		
	溥						0405									
	溧								0602							
	滅									0753	0845	0930	0885			
	滫	1300														
	塗										0969	1076	1038新		0515	
	溜									0725					0424	
	溺														0421	
	粱	0845				0701			0404		0574					
	慎	1244						0475		0716	0800	0872	0837		0407	
	遣	0178														
	塞	1541				1273					0967	1073	1036	0589	0513	
	㝩	0890				0734										
	窞	0903														
	寖					1052				0728						
	祺	0017														
	福	0009					0007		0008	0009	0010	0010	0008	0010		
	禒					0016										
	裠						0317重									
	羣	0406			0110	0344		0169		0240			0301	0182		
	殿	0338				0287					0253		0256			
	辟	1097		0266	0241	0915		0431	0521	0644	0729	0781	0755	0432	0360	
	敯	0364														

筆畫數	被檢字	（一）睡虎地秦簡	（二）放馬灘秦簡	（三）周家臺秦簡	（四）龍崗秦簡	（五）張家山漢簡	（六）鳳凰山漢簡	（七）孔家坡漢簡	（八）尹灣漢簡	（九）武威漢簡	（十）居延漢簡	（十一）居延新簡	（十二）敦煌漢簡	（十三）額濟納漢簡	（十四）武威醫簡	（十五）東牌樓漢簡
十三畫	擊	1394														
	隔									0941						
	裝											0735	0705			
	際					1361										
	嫁	1400		0347		1162		0533	0679	0815		0992			0475	0523
	棨							0258								
	經	1460				1211							0992			0548
	絹					1226			0724							
	絺					1240				0880						
	絓									0883						
	綌												1013			
	綏											1051		0572		
十四畫	耤	0492					0148						0359			
	静	0554										0405				
	䘵									0200						
	跬	1130														
	搏									0805						
	摳								0661							
	駃	1161														
	摵									0810新						
	趙					0102					0099	0104	0106	0064		0058
	嘉			0140		0476				0340	0383	0395	0392			0214
	臺															0505
	截													0546		
	塾									0900						
	穀				0268											
	槖														0255	
	慤	1246														

十四畫	壽	1033		0252					0486	0609	0685		0711	0405		0385
	蓁	1481重					0465重						1005重			
	聚	0998									0664	0719	0693			
	菫		0014													
	蒸											1080				
	鞞	0301														
	鞅	0300											0231			
	菡					0034重										
	慕												0847			
	蔞					0035										
	菑														0016	
	蔥	0063		0015							0050	0047				
	蔡	0053				0042		0023	0034		0042	0036				0021
	榦	0648														
	榦	1425					0441									
	兢															0396
	蔣															0019
	蘛									0045新		0055新	0061新			
	榼						0222									
	槙												0463			
	樿									0401						
	榫					0576										
	榣	0641				0551										
	槍	0650										0470				
	槁										0453					
	榜											0477				
	梓									0396重						
	榷												0477			
	疐	0426											0318			
	輒	1606		0395		1340						1133	1085	0626		0590
	輔			0398						0937	1021	1140	1091	0632		0593

筆畫數	被檢字	（一）睡虎地秦簡	（二）放馬灘秦簡	（三）周家臺秦簡	（四）龍崗秦簡	（五）張家山漢簡	（六）鳳凰山漢簡	（七）孔家坡漢簡	（八）尹灣漢簡	（九）武威漢簡	（十）居延漢簡	（十一）居延新簡	（十二）敦煌漢簡	（十三）額濟納漢簡	（十四）武威醫簡	（十五）東牌樓漢簡
十四畫	輕	1604			0345	1338		0616	0778						0536	
	轂	0336		0094		0285	0112	0141	0180							
	槧					1276										
	斁															0145
	匱					1200										
	歌	1062						0417		0629						
	遭															0073
	匰									0843						
	監	1004			0228	0838			0473	0589	0668		0697			0375
	朢	1000				0835	0345	0393			0666	0721	0694	0397		
	酺									0987						
	酮									0987						
	醖									0986						
	酸														0569	
	酳									0987						
	厭						0374	0441		0664		0803	0768			
	碭								0534							
	截			0295												
	爾															0154
	奪	0401				0341		0167								0167
	臧	0334			0089	0284		0140	0179		0251	0264				
	需										0854		0899			
	㙚	1113														
	鳶	0413														
	蜚					1252重			0744重							
	雌							0166								
	對					0242			0152重	0167重	0214重	0227重	0217	0132		0119重
	嘗	0532				0472		0208		0339		0393				

十四畫	賕					0622										
	聞	1359				1126		0522	0659	0778	0874	0968	0925			0511
	閭												0913			
	閣															0509
	閡										0868	0960				
	踈						0541			0972	1058	1184	1135			
	⿰足夾					0173										
	⿰目昜	1559														
	嘷								0070							
	鄲					0635										
	鳴					0348		0172	0205	0243					0139	
	幘								0437							
	罰	0485				0423	0145		0235		0344	0357	0354			
	圖	0699						0267								
	舞									0391						
	製	1025														
	智									0780						
	犗												0078			
	⿰牜昜	0839														
	種					0680		0319				0586	0569		0274	
	稱	0835						0328		0505			0581			0306
	熏						0013			0024						
	箸					0442	0156									
	箕	0508		0133				0197			0363			0216		
	算						0162				0360	0371				
	箇					0444										
	箠	0505														
	⿱竹待					0450										
	⿱竹隹						0163									
	管					0448			0246	0323						
	⿱竹甾								0036							

筆畫數	被檢字	（一）睡虎地秦簡	（二）放馬灘秦簡	（三）周家臺秦簡	（四）龍崗秦簡	（五）張家山漢簡	（六）鳳凰山漢簡	（七）孔家坡漢簡	（八）尹灣漢簡	（九）武威漢簡	（十）居延漢簡	（十一）居延新簡	（十二）敦煌漢簡	（十三）額濟納漢簡	（十四）武威醫簡	（十五）東牌樓漢簡
十四畫	儥	0975				0811						0698				
	毀	1544重				1277重	0486重	0587重								
	僕	0280				0243	0085	0116	0153	0168						
	僑	0955														
	僞	0973			0220	0809								0386		
	僦												0683新			
	鼻	0391		0111		0330		0161				0301			0130	
	衛									0210						
	槃						0220									
	銅	1577				1312					0990	1109	1065	0608	0526	
	鋌											1113				
	銛								0767							
	銚					1318					0993					
	鉼										1003	1120		0614		
	貍	1145		0279	0254					0672			0778			
	蝕	1505														
	餅												0409			
	領	1073				0891			0506		0714	0763	0739			0408
	膞														0162	
	腯														0150	
	膌									0275						
	䐞					0400										
	鳳					0346			0203		0296	0315	0305	0184		
	疑	1678		0421		1395			0812	0971		1182				
	獄	1187		0283	0271	0974		0456			0767	0841	0802	0456		0445
	獄							0456								
	䑣									0310重						
	[illegible]											0851		0462		

畫數	字															
十四畫	雒					0335										
	誌									0160新	0206新					
	誣	0253				0219										
	誧	0245														
	語	0224		0070					0131			0182	0177			0102
	誤	0256				0220					0200	0212	0201			
	誘	1108重				0925重										
	誶	0251			0066	0218										
	說	0241		0075		0207	0079			0152						0110
	誦												0185			
	裹	1021		0250				0399							0337	
	稾										0453					
	悳	1273														
	豪	1137重										0817重				
	膏					0376		0187			0322		0335	0196	0153	
	廣	1119				0930			0528	0658	0740	0796		0439		
	遮										0134	0141				
	腐					0402						0345				
	廏	1117				0929		0436				0795				
	瘈	0923														
	瘧			0229		0749										
	瘦											0644	0631		0301	
	瘉					0759										
	褎	1012				0847										
	塵											1079				
	廖										0743新	0801				
	廡									0662						
	勩					1304										
	竭								0570					0472		
	端	1234				1016			0569	0710				0471		
	適	0152				0116				0097	0113	0119	0118			

筆畫數	被檢字	（一）睡虎地秦簡	（二）放馬灘秦簡	（三）周家臺秦簡	（四）龍崗秦簡	（五）張家山漢簡	（六）鳳凰山漢簡	（七）孔家坡漢簡	（八）尹灣漢簡	（九）武威漢簡	（十）居延漢簡	（十一）居延新簡	（十二）敦煌漢簡	（十三）額濟納漢簡	（十四）武威醫簡	（十五）東牌樓漢簡
十四畫	齊	0805				0673	0282	0315	0397	0493	0557			0330		
	旗					0654										
	鄯												0523			
	養	0562				0496	0186			0361	0403	0412			0198	
	薏													0482		
	精	0848				0704							0588		0281	0310
	粿									0511						
	糇									0511						
	⿰米隹															0310
	粺	0849				0705	0296						0589			
	鄰	0750														
	⿰粦巛	1313														
	鄭	0754				0631	0263	0287	0369	0467	0517	0542		0309		
	愬								0144重							
	幣										0613	0654	0641	0363		
	榮	0627							0312	0404		0457	0458		0227	0238
	犖												0079			
	熒					0996					0780					
	漬			0313		1065									0438	
	漢					1042		0486			0821	0900	0865	0486		0490
	滿									0732	0830	0913		0490		
	漆										0822		0866			
	漕											0931				
	湯														0448	
	塗														0515	
	漁	1325重														
	漏								0630						0447	
	漻									0729						

十四畫	遈														0416	
	搴					1159										
	寬	0883									0594	0630	0616			
	賓					0610			0357	0460		0526	0511	0303		
	寡	0884				0731		0349	0418	0528						
	窬											0640				
	牖	0894														
	察	0869				0721						0621	0605	0347		
	蜜															0556重
	寧	0524				0467		0205	0257		0374	0387	0384	0226		0206
	實	0872		0221	0200	0723	0302	0346		0519	0587	0624	0608		0286	0319
	褐	1022														
	複	1013					0349				0677	0731				
	褕								0477							
	盡	0545			0137	0485		0214	0269	0349	0393	0400	0399	0235	0189	0216
	屢									0615新						
	彊	1451														
	韎						0203									
	隨	0151				0114			0089		0112	0117	0117	0075	0068	0069
	隤					1355										
	隩	1640														
	隧										1031	1150	1104	0638		
	頗					0895			0509							0410
	翟												0294			
	熊					0976	0391									
	鄧	0756				0636	0264				0522	0546	0528			0278
	朁											0291				
	斲	1595		0388		1329		0611								
	緒						0451									
	綺						0458		0720							
	緌									0870						

筆畫數	被檢字	（一）睡虎地秦簡	（二）放馬灘秦簡	（三）周家臺秦簡	（四）龍崗秦簡	（五）張家山漢簡	（六）鳳凰山漢簡	（七）孔家坡漢簡	（八）尹灣漢簡	（九）武威漢簡	（十）居延漢簡	（十一）居延新簡	（十二）敦煌漢簡	（十三）額濟納漢簡	（十四）武威醫簡	（十五）東牌樓漢簡
十四畫	維					1234		0568		0878						
	絟					1229重										
	綸								0730							
	綬									0871						
	緍	1485														
	綰	1478					0463				0943					
	緑						0462		0725				1001			
	綴									0952						
	緇									0867						
十五畫	槥					0575										
	慧	1248														
	耦	0491														
	蝽	1507														
	璜										0023					
	髮	1087				0903			0513							
	髳					0904重										
	肆									0668						0431
	撓														0470	
	塸													0592		
	駟	1155				0958										
	駒	1151			0256		0382					0821				
	駠						0384									
	趣	0133									0096	0100		0061		
	撮														0469	
	頡												0742			
	賣					0584		0263	0339		0479	0496	0490			
	撫					1142				0795			0942			
	撟	1381		0344		1147										

筆畫	字															
十五畫	赭														0397	
	熱	1201				0988						0849			0395	
	播	1389														
	墦							0590								
	摯	1369	0222													
	墣									0903						
	增	1539				1272						1072	1035			
	穀	0830					0290	0326		0502	0567	0596	0578	0337		
	蕡						0025									
	鞓													0143		
	蕈									0031						
	暮			0105												
	邁															0067
	薑										0031		0031		0016	
	蓸	0403														
	蕉									0039						
	蕃	0068														
	蔀													0034		
	蕩					1046										
	韓	0609														
	槽					0575					0475					
	樍						0238									
	橫								0328	0426	0472		0480	0283	0245	
	槭									0400						
	樓	0649										0469	0469		0238	
	樊										0220	0233		0137		
	蓄		0117重													
	樛												0464			
	埜	1549重														
	慤					1035										
	槧										0467					

筆畫數	被檢字	（一）睡虎地秦簡	（二）放馬灘秦簡	（三）周家臺秦簡	（四）龍崗秦簡	（五）張家山漢簡	（六）鳳凰山漢簡	（七）孔家坡漢簡	（八）尹灣漢簡	（九）武威漢簡	（十）居延漢簡	（十一）居延新簡	（十二）敦煌漢簡	（十三）額濟納漢簡	（十四）武威醫簡	（十五）東牌樓漢簡
十五畫	慙												0858			
	輪	1614														
	[illegible]													0636		
	敷															0145
	敺	1157重			0259重											
	歐					0881			0501							
	毆	0337				0286					0252		0255			
	豎					0282	0110									
	賢	0715				0603	0253	0276	0353	0453	0498	0518	0503			
	遷								0095	0101	0121	0129	0126			
	[illegible]									0989						
	醇														0567	
	醉									0983						
	憂	0605		0161		0531		0242	0299		0434		0440			
	磑										0748	0805				
	磔	0613				0536										
	鴈									0242					0138	
	[illegible]														0138	
	遼										0135					
	豬	1135										0814			0375	
	殤	0436						0181		0255						
	鴆								0206							
	震	1319											0896			
	輩					1344							1089	0630		
	齒	0201		0063		0161	0063	0094		0125	0155	0162	0157		0084	
	稾	0804				0672	0281	0314			0556	0584	0566	0329		
	膚	0445重				0370重				0260重						
	慮	1238							0572							0462

十五畫	鄰										0519					
	截													0546		
	幣													0363		
	賞	0721		0185	0167	0606			0356		0501	0523	0508	0301		0267
	瞋	0381														
	暴	0776											0545			
	賦	0737				0619					0508	0533	0516			0272
	賤	0736						0280		0462			0515			0271
	賜	0722		0186	0168	0607	0255			0456	0502	0524	0509			0268
	閱	1350				1120						0963		0513		
	閭	1344		0335			0422									
	數	0353		0098	0096	0299		0147		0214	0261	0272	0266	0166	0118	0146
	踐	0204				0167				0127						
	踝					0166										
	遺	0168			0042	0131						0134			0075	
	噐									0131	0160	0166	0164		0088	0094
	睘	0379				0319			0188							
	罷	0933				0767						0651	0637			
	幡													0364		
	墨	1537				1270	0484		0752							
	稽	0693								0443		0503				
	稷	0817				0683		0322		0500		0589				
	勠	0102														
	稻	0819				0685	0286	0323								
	稼	0813			0190	0678				0498						
	稺							0321				0587				
	篋					1199重	0445				0920重	1020重				
	箴	0506										0369			0175	
	篘						0158									
	箭										0353					
	箬					0451	0157									

筆畫數	被檢字	（一）睡虎地秦簡	（二）放馬灘秦簡	（三）周家臺秦簡	（四）龍崗秦簡	（五）張家山漢簡	（六）鳳凰山漢簡	（七）孔家坡漢簡	（八）尹灣漢簡	（九）武威漢簡	（十）居延漢簡	（十一）居延新簡	（十二）敦煌漢簡	（十三）額濟納漢簡	（十四）武威醫簡	（十五）東牌樓漢簡
十五畫	篇											0364				
	牖	0810				0676				0496						
	僝									0551						
	儆	0430										0710				
	傯											0711		0389	0326	
	儋					0786	0326			0555	0628					
	儀									0567			0671			
	樂	0665				0565	0227	0257		0424	0466	0479	0473	0279	0242	0249
	質	0729			0169	0612			0358							
	德					0140		0082	0107		0138	0146	0143			
	徵	0999				0834		0392			0665	0720			0331	0373
	徹	0348								0210						
	督												0282			
	鋏					1317										
	銷					1315										
	鋗										0994					
	鋘									0924						
	僉															0466
	劍	0490重				0429重			0240重							
	辤					1386				0965	1052	1174		0657		
	餔	0565		0150					0274		0405	0413			0201	
	餓	0569										0415	0414			
	餘	0566				0500			0276	0365	0406	0414	0412	0243	0202	0221
	歙	1065		0260		0884	0364			0631	0708	0759	0735	0421	0352	0403
	膝									0641					0359	
	膞					0401										
	腸														0152	
	膠	0465												0201		

十五畫	魯					0326			0193		0284	0298	0290		0127	
	穎											0903				
	獦									0689						
	膹					0410										
	劉								0770			1119		0613		0581
	請	0227		0072	0060	0191		0107	0133	0144	0176	0184	0179	0109		
	諸				0062	0195			0136	0147	0180	0188	0182	0111	0096	0104
	諆										0202					
	諾									0146						
	課	0239									0190	0198				0109
	諈	0243														
	誰	0263				0230		0112					0205			0116
	調					0209					0193	0201	0194	0116	0097	
	論	0232			0064	0197	0077			0149	0181					
	諒	0226									0175					
	誶	0261			0068											
	誼										0194	0204		0118		
	稾	0828		0211		0690	0288	0324			0565	0594	0576	0335		
	廚										0738	0794				
	廣					0748										
	廟				0244					0661						
	摩														0472	
	廩									0386重				0261重		
	厭											0803	0768			
	廡	1115								0656						
	瘱					0758										
	瘦							0436								
	瘢					0754										
	麃	1166			0264					0682						
	慶	1250					0401	0476			0807	0881	0846			
	廢							0439			0741					

筆畫數	被檢字	（一）睡虎地秦簡	（二）放馬灘秦簡	（三）周家臺秦簡	（四）龍崗秦簡	（五）張家山漢簡	（六）鳳凰山漢簡	（七）孔家坡漢簡	（八）尹灣漢簡	（九）武威漢簡	（十）居延漢簡	（十一）居延新簡	（十二）敦煌漢簡	（十三）額濟納漢簡	（十四）武威醫簡	（十五）東牌樓漢簡
十五畫	敵															0148
	蕰											1057	1021	0577	0505	
	遵											0118				0070
	漬	1287														
	潦	1297														
	潤										0840					
	澗										0836					
	潰														0434	
	鋈	1576														
	瀝	1310				1085										
	憐												0859			
	賓					0624										
	寫	0880			0203	0729				0524	0592	0628	0614			
	審	0092重				0067重						0069重				
	窯					0738										
	䆿												0229			
	䨁							0165								
	遲										0125	0133	0132			
	殿					0287										
	履	1046				0868	0357			0619	0695		0721			0393
	彈														0490	
	彈														0490	0545
	選									0103						
	險	1626				1353		0622								
	隧					1363重	0522重				1032重	1151重	1105重	0639重		
	隧						0522重				1032重	1151重	1105重	0639重		
	駕	1154			0258	0957				0676			0785			
	謷	0465														

十五畫	翬												0297			
	豫										0752	0819	0779			
	貐				0252											
	練								0722	0865	0941					
	緹	1479							0727				1003			
	緱					1232										
	緰	1489						0569								
	緩	1497重				1243重					0953重					
	編										0948	1047	1010			
	緡	1485														
	緯										0933					
	緣	1483				1230	0466			0873				0565		0552
十六畫	璩									0018						
	駱							0452							0378	
	駮										0759					
	駢						0386									
	據					1134										
	操	1370		0342		1133	0426	0524					0932			
	熹										0771					
	憙	0534				0474			0263		0381		0390			0213
	擇	1375				1140				0792		0978	0939			
	擅	1383				1148	0428					0983	0944			
	穀														0498	
	磬									0666						
	蕲								0045							
	雔	0417重								0245重						
	燕							0505		0759						
	蕗														0037	
	薛	0042							0026		0034		0033			
	縈											0478		0278		
	薦	1163								0679						

筆畫數	被檢字	（一）睡虎地秦簡	（二）放馬灘秦簡	（三）周家臺秦簡	（四）龍崗秦簡	（五）張家山漢簡	（六）鳳凰山漢簡	（七）孔家坡漢簡	（八）尹灣漢簡	（九）武威漢簡	（十）居延漢簡	（十一）居延新簡	（十二）敦煌漢簡	（十三）額濟納漢簡	（十四）武威醫簡	（十五）東牌樓漢簡
十六畫	薪	0059				0049					0049	0045	0051	0028	0030	
	薄					0043	0024		0035	0033		0037			0027	
	韖	0781		0197		0653			0386	0477						
	蕭										0038			0022		
	頤					1127重										
	蕻	0075														
	樲									0400						
	樹			0167		0546	0213		0313			0460				
	橄											0478		0278		
	散	0464			0121				0226	0284						
	橋	0668			0159	0568										0251
	樵															0240
	橎				0156											
	樂										0220	0233				
	橦					0558										
	機				0158	0562										
	輯					1339										
	輸	1613				1343	0514		0781		1020	1138	1088		0539	0592
	墼												1031			
	賴	0724														
	橐	0696		0179		0590	0245		0346		0486	0506	0495	0296	0255	
	融											0241	0232	0144		
	頭	1067				0886		0419	0504		0710	0761	0737	0422	0353	0406
	踊						0175									
	醜	1104														
	醢														0187	
	翳	0496														
	匴	1445														

十六畫	奮	0402							0200							
	頰	1071														0407
	豭											0816				
	頸	1072				0890		0420			0713					
	冀												0691			0370
	頻															0412
	疃	0142														
	戱			0388												
	膚	0304														
	遽	0176														
	盧					0482	0179			0348	0389	0398	0396	0234		
	對					0242				0166	0213	0226	0217	0132		
	縣	1083			0238	0899	0366	0425	0510	0637	0718	0769	0747	0426		0415
	曉															0292
	闍	0396														
	閻	1342					0421						0914			
	踵					0168				0128			0159			
	踆	0206														
	踱					0174										
	骸							0147								
	斆					0299										
	瞽			0372												
	器	0210				0176	0066	0097		0131	0160	0166	0164		0088	0094
	戰	1428		0359		1185		0554								0535
	噲					0079										
	遷	0179														
	還								0096	0102	0122	0130	0128			0075
	圜					0591				0445						
	默															0440
	黔		0200		0275	0994										
	篪	0389		0109	0105	0328	0124									0162

筆畫數	被檢字	（一）睡虎地秦簡	（二）放馬灘秦簡	（三）周家臺秦簡	（四）龍崗秦簡	（五）張家山漢簡	（六）鳳凰山漢簡	（七）孔家坡漢簡	（八）尹灣漢簡	（九）武威漢簡	（十）居延漢簡	（十一）居延新簡	（十二）敦煌漢簡	（十三）額濟納漢簡	（十四）武威醫簡	（十五）東牌樓漢簡
十六畫	慣	0105														
	瞥															0460重
	憦												0079			
	積	0825				0688					0562	0591	0573	0334	0276	
	勳								0762			1092				
	篤	1156		0281									0786			
	築	0647	0122					0255		0413				0276		
	箬									0326						
	篡	1107				0924										
	舉	1380				1146				0798	0883	0982	0943	0528		
	興	0292				0252		0122		0175			0225	0141		0128
	盥									0350						
	嬰	0293重				0253重					0225重	0237重	0226重			0129重
	學	0370重				0312重				0220重				0171重		
	儒									0549						
	劓					0424重										
	鼽					0331										
	孼					1393										
	徼	0183			0047	0145		0084	0110		0141		0146			
	衡	0494							0241	0307	0350		0361			
	衞	0199									0154	0161				
	錯	1579				1319				0919				0610		
	錢	1583		0385	0339	1321	0501	0606	0768		0998	1114	1069	0611	0527	0580
	錫									0917		1108	1064			
	錮					1316					0992					
	錘	1585														
	錐	1584										1116	1072			
	錦	0947					0321									

十六畫	錍									0920						
	録										0991	1111		0609		0579
	鋸										1001		1071			
	劒										0347	0360		0208		
	錫											0411				
	膈											0348		0203		
	膫					0393										
	膴									0281						
	膳									0277						
	雕					0338										
	鮒									0758						
	鮑											0947				
	貍								0551							
	獲	1180						0455	0546	0686		0839	0799			
	獨	1177				0968					0765		0798	0455	0386	0443
	頯	1070				0889										
	謀	0231	0058			0196								0112		
	諶											0193				
	諜	0266														
	諫										0189	0197				
	諹									0162						
	謁	0228		0073	0061	0192	0076	0108	0134		0177	0185	0180	0110		
	謂	0225		0071		0190			0132		0174	0183	0178	0108	0095	
	諰	0246														
	諷												0184			
	諱										0187					
	褱					0854										
	褏									0599						
	磨											0807			0370	0429
	廥	1120						0438								
	瘷							0441								

筆畫數	被檢字	（一）睡虎地秦簡	（二）放馬灘秦簡	（三）周家臺秦簡	（四）龍崗秦簡	（五）張家山漢簡	（六）鳳凰山漢簡	（七）孔家坡漢簡	（八）尹灣漢簡	（九）武威漢簡	（十）居延漢簡	（十一）居延新簡	（十二）敦煌漢簡	（十三）額濟納漢簡	（十四）武威醫簡	（十五）東牌樓漢簡
十六畫	廩							0386重	0296重		0429重	0438重		0261重		
	瘳	0920		0231				0363							0303	
	褭											0730				
	廦	1118														
	麇			0263												
	[illegible]									0684						
	親	1059				0879			0499	0627	0705	0754	0731	0418		0399
	辨	0479			0123	0420				0298	0341	0354	0350			
	辧						0497新				0988新	1107新	1062新			
	龍	1326						0506	0644		0856	0948	0903		0454	
	壅							0591								
	糒											0607	0592			
	糗	0850								0511						
	甑									0846		1023				
	燔	1193				0979		0459		0692	0770	0844	0806			
	營	0896				0736		0355	0422				0622			0326
	[illegible]				0288											
	潞					1045										
	澡					1075				0745						
	澤			0311			0407	0493	0617	0734	0832		0878		0433	
	憲	1247									0803	0875	0841	0477		
	窶	0907														
	墼												0256			
	鄺	0763														
	壁	1529				1264										
	避	0164				0129										
	彊	1451			0311					0849	0926	1026		0555		
	[illegible]						0204									

筆畫	字															
十六畫	辥	1666														
	隱	1632				1359				0943						0598
	嬐					1174										
	聱	1618														
	縛	1473				1220			0716				0998			
	縓									0866						
	縪									0863						
	[illegible]	1495														
	縞					1224	0460									
	縑					1223	0459		0721							
十七畫	環	0028		0011		0022		0018								
	瓌									0019						
	贅	0728				0611						0527				
	[illegible]									0200						
	[illegible]									0668						
	擣									0804						
	騂											0829				
	駿											0822				
	擩									0800						
	趨									0084						
	戴						0092				0223					
	[illegible]	0415														
	蟄						0475									
	擯									0558 重						
	轂	1608														
	聲	1358				1125				0777					0466	
	擢						0429									
	[illegible]	1361														
	藉						0026			0034	0044					
	鞞	0297				0260										
	鞠					0259	0096						0228			

筆畫數	被檢字	(一)睡虎地秦簡	(二)放馬灘秦簡	(三)周家臺秦簡	(四)龍崗秦簡	(五)張家山漢簡	(六)鳳凰山漢簡	(七)孔家坡漢簡	(八)尹灣漢簡	(九)武威漢簡	(十)居延漢簡	(十一)居延新簡	(十二)敦煌漢簡	(十三)額濟納漢簡	(十四)武威醫簡	(十五)東牌樓漢簡
十七畫	藍						0017	0021								
	藏											0056新				
	藋									0237						
	薰						0018									
	舊									0238		0309				0168
	蘪											0851		0462		
	韓	0609							0302				0445			
	隸	0331			0087	0280				0200						
	檻						0222									
	檄										0469	0482	0476	0281		0250
	檢						0229		0325			0481	0475			
	轅	1609														
	輻	1617														
	擊					1153		0527	0674	0809		0986	0947			
	臨	1005				0839		0394	0474		0669	0723	0698	0400	0335	0376
	醎	0303														
	霝					1099										
	醢									0986						
	磿			0273		0940										
	壐	1536				1269				0899						
	獳					0949										
	貘				0250											
	霜								0638			0898				
	霚							0503								
	嶋								0207							
	齔					0162										
	戲	1429				1186										
	虧															0210

十七畫	購	0740			0174	0623						0535	0518			
	嬰	1412					0437				0901		0963		0480	
	闌	1347			0295	1117					0869		0916			
	𨆪	0205														
	䯿							0147								
	䯿									0214	0261	0272	0266	0166		
	獸				0355											
	雖	1500				1246		0573		0885		1054	1017		0501	0554
	嚌									0066						
	獸															0443
	黚												0817			
	點					0993										
	矯	0583														
	矰	0584				0514										
	積						0293									
	穜	0814		0210	0191											
	簣								0245							
	篡						0158									
	輿	1605		0394	0346				0779							0589
	舉									0176						
	償				0218	0801					0642	0690		0381		
	儲								0449							
	龜						0476									
	臀	0272														
	徽	1567		0384	0336	1303		0602								
	徽	1567		0384	0336	1303		0602								
	衛	0198				0160										
	翼	0382														
	鍖												1074			
	鍼										0996					
	鍉											1121				

筆畫數	被檢字	（一）睡虎地秦簡	（二）放馬灘秦簡	（三）周家臺秦簡	（四）龍崗秦簡	（五）張家山漢簡	（六）鳳凰山漢簡	（七）孔家坡漢簡	（八）尹灣漢簡	（九）武威漢簡	（十）居延漢簡	（十一）居延新簡	（十二）敦煌漢簡	（十三）額濟納漢簡	（十四）武威醫簡	（十五）東牌樓漢簡
十七畫	鍤						0500									
	鍾									0918						
	鏃										1002	1117		0612		
	龠	0208														
	斂	0356								0217		0277	0269		0120	
	爵	0560				0494		0221		0358	0401	0409	0407			
	谿					1095										
	鍚											0411				
	餽	0570				0502				0366						
	體	0442								0289						
	膿														0193重	
	膾						0142									
	膽														0150	
	臏	0720														
	毚	1168														
	鮮	1324							0642			0946			0453	
	螽					1251										
	講					0215								0123		
	謝											0207				0112
	謞	0273														
	謗	0254														
	謙					0210						0203				
	襄	1016				0848		0398					0703			
	麆														0503	
	糜											0605	0590			
	應	1243				1023					0799	0871	0836			
	癘	0914				0748										
	摩					1138										

十七畫	⿸疒韋					0756										
	⿸疒猒						0374									
	麋	1165				0964				0681					0382	
	⿸广維												0767			
	糞	0420									0301	0320				
	⿰米崔					0707										
	⿱𥫗鳥	0413														
	⿱敝衣					0855										
	燥					0990		0462								
	燭									0695						
	鴻										0298	0316	0308			
	⿱激土					1282										
	濡					1053										
	濕												0872		0426	
	濯									0749						
	蹇					0101										
	⿰身邑	0753		0190		0630		0286								
	襌	1015					0352									
	襍						0354				0680	0733				
	禮					0009		0007		0007		0009				
	臂	0450				0381				0271	0327		0337			
	屨	1047														
	彌												0986			
	孺												1131			
	牆	0600														
	⿰女喿									0829						
	翼	1327 重		0324 重					0645 重							0500 重
	⿱敄而							0503								
	績						0470						1012	0569		
	縹								0726							
	縷									0874						

筆畫數	被檢字	（一）睡虎地秦簡	（二）放馬灘秦簡	（三）周家臺秦簡	（四）龍崗秦簡	（五）張家山漢簡	（六）鳳凰山漢簡	（七）孔家坡漢簡	（八）尹灣漢簡	（九）武威漢簡	（十）居延漢簡	（十一）居延新簡	（十二）敦煌漢簡	（十三）額濟納漢簡	（十四）武威醫簡	（十五）東牌樓漢簡
十七畫	縵	1477				1225										
	總	1469								0861						
	縱	1466			0315	1215						1035	0995			
	縚									0875重						
	繆	1491										1050		0571		
十八畫	瓊	0027														
	纂	0694					0243									
	璂	0694														
	擴	1395														
	騎				0257	0956	0385		0541		0756	0824	0784	0448		0436
	騅	1152											0782			
	鬵	0306		0083												
	聶	1360								0779	0875					
	職	1357							0658		0873	0967		0518		
	鞮					0258						0240				
	鞫	0302			0077	0261										
	藺	1458														
	藺											0306				
	藥										0043	0038	0046	0023	0028	
	檮												0481	0284		
	檻											0487				
	櫂	0676														
	樸											0455				
	櫂												0483新			
	轉	1612				1342	0513				1019	1137	1087	0629	0538	
	磬					0941										
	覆	0935				0771				0538	0612					
	醪						0549									

十八畫	醫	1695									1072	1197		0673	0568	
	擪					1138										
	豲				0250											
	叢	0279														
	瞿														0136	
	鼂	1516														
	𥈿						0449									
	瞻					0320						0290				
	闔					1114				0770						
	闐												0919			
	疊											0570				
	闑	1352				1121										
	闕							0516								
	曠											0557				
	闓									0774						
	蹢					0169										
	壘					1274					0968					
	蟲	1511														
	蟬												1019			
	巂	0397		0112								0306				
	黠											0853				
	䯊	0443														
	竸															0396
	鵠									0241						
	穫	0824														
	穡					0679										
	簪					0873 重										
	簡	0501				0436										
	簞						0155									
	簜									0314						
	簦					0446										

筆畫數	被檢字	（一）睡虎地秦簡	（二）放馬灘秦簡	（三）周家臺秦簡	（四）龍崗秦簡	（五）張家山漢簡	（六）鳳凰山漢簡	（七）孔家坡漢簡	（八）尹灣漢簡	（九）武威漢簡	（十）居延漢簡	（十一）居延新簡	（十二）敦煌漢簡	（十三）額濟納漢簡	（十四）武威醫簡	（十五）東牌樓漢簡
十八畫	礜			0272						0665					0369	
	譽	0383														
	毄									0176						
	傕															0400
	雙						0131					0313				0172
	邊	0177		0054		0138				0111		0144	0141			
	邉	0177		0054		0138				0111		0144	0141			
	歸	0141			0034	0105		0068		0088	0102	0107	0109	0067	0065	0061
	衛	0197			0053			0093								
	額					1235										
	鎮										1000		1070			
	鎧											1118				
	貙	1141				0952										
	雞	0398				0336	0128	0163	0198			0307			0131	
	餔									0368						
	臑	0451				0382				0272						
	觴												0363			
	獵	1178														
	繇	1457				1210			0709	0854						
	謹	0236				0202	0078		0139		0184	0192	0189	0113		
	謼	0248				0213										
	謾					0217						0210				
	謶												0209			
	謙					0198										
	磨			0273		0940										
	雜	1018		0249		0850	0354			0603	0680	0733	0704			
	離	0399				0337		0164		0235	0289					
	顏	1068				0887					0711					

十八畫	齋									0010	0013	0011	0010			
	旞	0782														
	糲	0847				0703	0295									
	糧												0593			
	瀆					1059								0493		
	濾										0814	0888			0413	
	懮								0596							
	竄						0309重									
	襘								0478							
	禱	0016		0009				0011								
	闐	1353														
	璧					0021			0016							
	醬	1697				1411	0551			0985						
	穎	1079														
	繐									0872						
	繢												0993			
	繙					1216										
	織	1461														
	繕	1484					0468					1044	1007			
	繒	1476				1222	0457		0719				1000			
	繘			0370												
	斷	1597				1331									0533	
	雝	0400				0339				0236		0308			0132	
	邇	0172														
十九畫	蘩											0080				
	騠	1162														
	騩												0781			
	騷	1158				0960				0677						
	壞	1545			0327			0588		0901		1074	1037			
	難	0412重	0087重	0114重		0347重			0204重				0307重		0137重	0173重
	難	0412重	0087重	0114重		0347重			0204重				0307重		0137重	0173重

筆畫數	被檢字	(一)睡虎地秦簡	(二)放馬灘秦簡	(三)周家臺秦簡	(四)龍崗秦簡	(五)張家山漢簡	(六)鳳凰山漢簡	(七)孔家坡漢簡	(八)尹灣漢簡	(九)武威漢簡	(十)居延漢簡	(十一)居延新簡	(十二)敦煌漢簡	(十三)額濟納漢簡	(十四)武威醫簡	(十五)東牌樓漢簡
十九畫	藶	0076														
	藺	0044									0036					
	蘄								0029							
	勸					1301						1098	1056			0575
	孽					1393										
	蘇						0014				0029	0027			0015	
	警											0202	0195	0117		
	顛			0262												
	薑						0016				0031		0031		0016	
	藹	0077														
	櫝	0652			0157	0559	0218				0459	0471				
	櫌			0170												
	櫟	0626														
	麴											0606	0591		0218	
	繫								0735		0951					
	鹽														0459	
	櫜													0286		
	醯	0542											0397		0187	
	麗	1167							0544	0683						
	廲					0170										
	獖											0815				
	聽							0521								
	疊											0570				
	關	1349			0296	1119				0772	0870	0962	0918	0512		
	疇	1551			0331	1286										
	蹶					0170										
	蹱					0168	0065									
	髏			0098		0299										

畫數	字															
十九畫	嚴	0128									0092	0098	0101			
	獸	1652			0355					0959		1160				
	羅	0931							0433						0306	0332
	⿱罒緂					0770										
	犢									0061		0074				
	贊									0455						
	穤	0840														
	⿰禾⿱刀辛	0102														
	穔												0571			
	簿					0452			0248		0362	0373	0371	0215		0195
	簫									0322						
	舋	0290重			0073重	0250重										
	繫	1496														
	鏡						0499		0766				1067			
	餳														0200重	
	辭	1667														0613
	臘								0224							
	鯖			0323												
	觶									0309						
	顛									0632	0712	0762		0423		
	譚								0147		0207	0220		0127		
	譋												0206重			
	譖	0260														
	識	0234				0200						0191	0188			
	譔												0186			
	證					0226					0203	0217	0204	0126		0115
	䜌											0211				
	靡	1329		0326		1103										
	廬					0928				0654					0366	
	癄	1243				1023										
	癡	0921														

筆畫數	被檢字	(一)睡虎地秦簡	(二)放馬灘秦簡	(三)周家臺秦簡	(四)龍崗秦簡	(五)張家山漢簡	(六)鳳凰山漢簡	(七)孔家坡漢簡	(八)尹灣漢簡	(九)武威漢簡	(十)居延漢簡	(十一)居延新簡	(十二)敦煌漢簡	(十三)額濟納漢簡	(十四)武威醫簡	(十五)東牌樓漢簡
十九畫	龑													0138		
	[illegible]					1101										
	羸	0405											0300			
	罋												0426			
	羹	0305重								0180重	0231重		0233重			
	類	1183				0971			0547							
	䊠									0512						
	[illegible]						0403									
	懷	1251									0808	0882				
	竈	0753		0190		0630		0286							0258	
	襦	1014					0351		0479	0601						
	[illegible]					1396										
	踜	0743														
	[illegible]								0738							
	繩					1233			0733	0876	0947	1046	1009	0567		
	繹	1459														
	繳					1237										
	繡						0461		0723							
二十畫	酆									0466						
	[illegible]									0020						
	鶩					0959										
	騶	1159														
	[illegible]	0137														
	壤	1526														
	攘									0784						
	[illegible]					0955										
	蘭								0025		0032	0028	0032	0020		0016
	孽	0078														

筆畫	字															
二十畫	蘚	0079					0030									
	蘠	0048														
	[illegible]											0491				
	轖										1016					
	醴	1694														0631
	[illegible]						0403									
	獻	1181				0969				0687						
	甗						0448									
	黨	1205							0559	0697	0779	0854	0818			
	[illegible]						0193									
	闠	1343														
	嚌									0066						
	巍	1109										0786	0760			
	黥	1206			0276	0995										
	犧											0078				
	籍	0499				0434					0355	0365	0365	0212		
	籌										0359					
	譽	0247														
	覺	1058				0878							0730			
	軆									0591						
	農	0294		0082	0075	0255					0226	0238	0227		0101	0130
	鐂								0770			1119		0613		0581
	鑡													0615		
	鐘	1588														
	鐙										0995					
	顥					1235										
	饒					0499			0275							
	饌									0360重						
	騰	1160				0961				0678	0758					
	獾						0389									
	觸					0430				0306	0349					

筆畫數	被檢字	（一）睡虎地秦簡	（二）放馬灘秦簡	（三）周家臺秦簡	（四）龍崗秦簡	（五）張家山漢簡	（六）鳳凰山漢簡	（七）孔家坡漢簡	（八）尹灣漢簡	（九）武威漢簡	（十）居延漢簡	（十一）居延新簡	（十二）敦煌漢簡	（十三）額濟納漢簡	（十四）武威醫簡	（十五）東牌樓漢簡
二十畫	額								0505				0738			
	護									0154	0197		0197			
	譴	0260										0215				
	譯											0219				
	議	0233				0198					0182		0187			
	龐											0798				
	龏	0286														
	競			0078									0211			
	顚					0887					0711					
	贏	0723				0608				0457						
	耀							0332			0575	0608				
	灌									0723			0868		0422	
	寶										0589		0610			
	騫												0791			
	竇	0901						0357					0624			
	竈	0878											0612			
	饗									0363						
	繻								0728	0868		1043				
	繼									0860						
二十一畫	囂	0202				0164									0085	
	𨆪											0809				
	鬃	0694					0243									
	攝										0878	0975	0933	0525		
	驅												0788			
	轂	0414														
	歡															0400
	權	0624				0543										
	欔					0256重										

二十一畫	欃												0486			
	靈	0031							0020		0024					
	霸										0546		0556			
	露					1099					0853	0942	0897			
	齦					0163										
	纍					1231	0469					1045	1008	0566		0553
	囂							0096		0130						
	𦉪	1109										0786	0760			
	賷	0744														
	穪						0164									
	嚳			0274												
	鐵	1578				1313		0604				1110	1066			
	鐸	1587														
	顴	1080														
	𩟗									0369						
	饑									0370						
	玃	1186														
	讂					0229										
	癯	0924														
	辯	1668				1387	0537			0966			1126			
	齎	0718				0604					0500	0521	0505			
	瀘					1086										
	瀴	1164			0261	0962										
	懼	1252							0580							
	竈	0899重					0309重									
	顧	1075				0893		0421	0507	0633		0764				
	屬	1044				0866		0408		0618	0693	0744	0720			0392
	續	1465													0495	
	纏	1471					0454	0565								
二十二畫	暜														0504	
	驪						0384									

筆畫數	被檢字	（一）睡虎地秦簡	（二）放馬灘秦簡	（三）周家臺秦簡	（四）龍崗秦簡	（五）張家山漢簡	（六）鳳凰山漢簡	（七）孔家坡漢簡	（八）尹灣漢簡	（九）武威漢簡	（十）居延漢簡	（十一）居延新簡	（十二）敦煌漢簡	（十三）額濟納漢簡	（十四）武威醫簡	（十五）東牌樓漢簡
二十二畫	驕	1153														
	聽	1356		0338		1124		0521	0657	0776	0872	0966	0924	0517		
	蘖														0283	
	驚								0542			0827	0790	0451	0380	0437
	權								0333							
	麱	0603														
	囊	0697					0246									
	贖	0731			0170	0614										
	疊											0570				
	體	0442				0367										
	籒											0606	0591			
	鑄					1314						1112				
	纙												0423			
	臞					0388										
	饡	0745														
	觻										0348	0361				
	邍												1020			
	讀				0063											
	變												0964			
	顫					0896										
	鱉								0643							
	竊												0594	0342		
	鬻									0179					0103	
二十三畫	闞							0127								
	鬠					0905										
	驛											0828				0438
	驗										0755	0823	0783	0447	0379	0435
	靁									0756						

二十三畫	鸞	0496														
	顯	1078											0744			
	黐	0843														
	[illegible]						0165									
	籥	0500				0435										
	鼷	1189														
	讎	0230				0194					0179	0187				
	饌									0371						
	[illegible]					0235										
	變	0354		0099		0301					0265	0275	0267			
	麞					1158			0676							
	癰	0913				0747										
	[illegible]	1503														
	龔								0158					0138		
	襲					0844	0347			0595	0675					
	[illegible]					1249										
	[illegible]	1305				1080						0929				
	[illegible]	1311														
	[illegible]	1028														
	纓									0869						
	纔					1228										
二十四畫	[illegible]							0022								
	舊	0397														
	觀	1057									0704					
	蠹	1510														
	鹽	1337				1110				0765		0955		0507	0459	
	靈															
	靃						0130									
	蠶			0372					0742						0504	
	[illegible]								0742							
	羈												0639重			

筆畫數	被檢字	（一）睡虎地秦簡	（二）放馬灘秦簡	（三）周家臺秦簡	（四）龍崗秦簡	（五）張家山漢簡	（六）鳳凰山漢簡	（七）孔家坡漢簡	（八）尹灣漢簡	（九）武威漢簡	（十）居延漢簡	（十一）居延新簡	（十二）敦煌漢簡	（十三）額濟納漢簡	（十四）武威醫簡	（十五）東牌樓漢簡
二十四畫	顯	1069							0505	0632	0712	0762	0738	0423		
	讓				0067					0158		0216		0125		
	贛											0522	0507	0300		
	鼈	1515														
	鬻	0306		0083												
	讐			0155			0195									
二十五畫	欙	0667														
	[illegible]					0708										
	籫												0368			
	觿			0132												
	癴					1158										
	纆											1041				
二十六畫	鬭	0309				0265		0127				0244				
	驢												0792			
	靃						0130									
	[illegible]					0708										
	[illegible]	1518														
二十七畫	驩										0754					
	[illegible]			0155			0195									
二十八畫	鑿	1582						0605					1068			
	雧	0410														
	鑽						0499									
二十九畫	驪						0383									
	鬱	0679														
三十畫	爨	0295								0176						
	鸞										0297					
三十一畫	[illegible]										1031	1150	1104	0638		
三十二畫	[illegible]	0298														

筆畫數	被檢字	（一）睡虎地秦簡	（二）放馬灘秦簡	（三）周家臺秦簡	（四）龍崗秦簡	（五）張家山漢簡	（六）鳳凰山漢簡	（七）孔家坡漢簡	（八）尹灣漢簡	（九）武威漢簡	（十）居延漢簡	（十一）居延新簡	（十二）敦煌漢簡	（十三）額濟納漢簡	（十四）武威醫簡	（十五）東牌樓漢簡
四畫	七十					0001	0001				0001	0001	0001			
六畫	五十										0002					
七畫	大夫	0001				0002	0002	0001								
	日已														0001	
	申入													0001		
十畫	之志	0002														
十一畫	季子							0002								
十四畫	事吏	0003														
	亭市													0002		
十五畫	須女	0004														
	牽牛	0005		0001				0003								
	婺女	0006		0002												
十六畫	旅衣	0007														
十八畫	貨貝	0008														
十九畫	裚衣	0009														
二十五畫	營室	0010		0003												
二十六畫	僞爲	0011														
三十畫	驀馬	0012														

《説文》序總檢字表

一　本總檢字表，供檢索《秦漢簡牘系列字形譜》凡十五個分譜正文單字的全部字頭和字頭下的俗寫異體用，由此可檢閱到相關字頭下的全部内容。

二　表中被檢字見於《説文》者，按大徐本《説文》字序排列，分别部居；未見於《説文》者，按偏旁部首附於相應各部後。

三　每一字頭前是該字所屬卷數和部名，之後分别是該字在各分譜中的字頭序號（四位阿拉伯數字，或四位阿拉伯數字加“重”，或四位阿拉伯數字加“新”）。

四　字形相同，但分屬於不同字的異體者，分别與相應字頭同序號，并置於字頭之後。

卷數	部名	被檢字	（一）睡虎地秦簡	（二）放馬灘秦簡	（三）周家臺秦簡	（四）龍崗秦簡	（五）張家山漢簡	（六）鳳凰山漢簡	（七）孔家坡漢簡	（八）尹灣漢簡	（九）武威漢簡	（十）居延漢簡	（十一）居延新簡	（十二）敦煌漢簡	（十三）額濟納漢簡	（十四）武威醫簡	（十五）東牌樓漢簡
第一	一部	一	0001	0001	0001	0001	0001	0001	0001	0001	0001	0001	0001	0001	0001	0001	0001
	一部	弌			0002重												
	一部	元	0002				0002			0002		0002	0002	0002	0002		0002
	一部	天	0003	0002	0003		0003		0002	0003	0002	0003	0003	0003	0003	0002	
	一部	吏	0004			0002	0004	0002	0003	0004		0004	0004	0004	0004		0003
	丄部	丄													0005		
	丄部	上	0005重	0003重	0004重	0003重	0005重	0003重	0004重	0005重	0003重	0005重	0005重	0005重	0006重	0003重	0004重
	丄部	帝				0004	0006		0005			0006				0004	
	丄部	旁	0006		0005	0005	0007	0004		0006	0004	0007	0006		0007	0005	
	丄部	下	0007重	0004重	0006重	0006重	0008重	0005重	0006重	0007重	0005重	0008重	0007重	0006重	0008重	0006重	0005重
	示部	示									0006		0008	0007			0006
	示部	禮					0009		0007		0007		0009				
	示部	禄	0008					0006			0008	0009			0009		0007
	示部	福	0009					0007		0008	0009	0010	0010	0008	0010		
	示部	神	0010							0009		0011		0009		0007	0008
	示部	祕										0012					
	示部	齋									0010	0013	0011	0010			
	示部	祭	0011								0011	0014					
	示部	祀	0012				0010		0008		0012						
	示部	祖	0013				0011			0010	0013	0015	0012	0011			
	示部	祠	0014	0005	0007		0012		0009			0016	0013	0012			
	示部	祝	0015	0006	0008		0013		0010		0014				0011		
	示部	禱	0016		0009				0011								
	示部	禖	0017														
	示部	社	0018				0014		0012			0017	0014	0013			
		社										0017	0014				
		杜											0014				
	示部	祟	0019	0007													

卷數	部名	被檢字	（一）睡虎地秦簡	（二）放馬灘秦簡	（三）周家臺秦簡	（四）龍崗秦簡	（五）張家山漢簡	（六）鳳凰山漢簡	（七）孔家坡漢簡	（八）尹灣漢簡	（九）武威漢簡	（十）居延漢簡	（十一）居延新簡	（十二）敦煌漢簡	（十三）額濟納漢簡	（十四）武威醫簡	（十五）東牌樓漢簡
第一	示部	禁	0020			0007	0015			0011	0015	0018	0015	0014		0008	0009
	示部	祙	0021														
	示部	桊							0013								
	示部	襐					0016										
	三部	三	0022	0008	0010	0008	0017	0008	0014	0012	0016	0019	0016	0015	0012	0009	0010
	王部	王	0023				0018	0009	0015	0013		0020	0017	0016	0013		0011
	王部	閏	0024							0014		0021	0018		0014		
	王部	皇	0025			0009	0019		0016	0015	0017	0022	0019	0017	0015	0010	0012
	玉部	玉	0026				0020		0017				0020	0018		0011	0013
	玉部	瓊	0027														
	玉部	璧					0021			0016							
	玉部	環	0028		0011		0022		0018								
	玉部	璜										0023					
	玉部	玦												0019			
	玉部	珥	0029											0020			
	玉部	瑕								0017							
	玉部	理								0018				0021			
	玉部	珍												0022			
	玉部	珠	0030											0023			
	玉部	玫												0024			
	玉部	琅								0019				0025			
	玉部	玕												0026			
	玉部	靈	0031							0020		0024					
	玉部	靈															
	玉部	瑑									0018						
	玉部	瓌									0019						
	玉部	瓔									0020						
	玨部	班											0021			0012	

第一	气部	气	0032				0023										
	士部	士	0033				0024	0010		0021	0021	0025	0022	0027	0016		
	士部	壻	0034														
		埍	0034														
	士部	壯	0035	0009			0025		0019				0023	0028	0017		
	丨部	中	0036	0010	0012	0010	0026	0011	0020	0022	0022	0026	0024	0029	0018	0013	0014
	屮部	屯					0027					0027	0025				0015
	屮部	每				0011	0028				0023						
	屮部	毒	0037	0011			0029									0014	
		𡹼	0037	0011													
	屮部	芬						0012重									
	屮部	熏						0013			0024						
	艸部	莊	0038							0023		0028		0030	0019		
	艸部	荅	0039				0030				0025						
	艸部	萁											0026				
	艸部	莠	0040														
	艸部	蘇						0014				0029	0027			0015	
	艸部	葵						0015			0026	0030					
	艸部	⿱艹彊						0016				0031		0031		0016	
		薑										0031		0031		0016	
		⿱艹畕														0016	
	艸部	莒								0024							
	艸部	葷														0017	
	艸部	菁									0027						
	艸部	茝	0041													0018	
	艸部	藍						0017	0021								
	艸部	蘭								0025		0032	0028	0032	0020		0016
	艸部	蔆															0017
	艸部	蘺							0022								
	艸部	薰						0018									
	艸部	葥										0033					

卷數	部名	被檢字	（一）睡虎地秦簡	（二）放馬灘秦簡	（三）周家臺秦簡	（四）龍崗秦簡	（五）張家山漢簡	（六）鳳凰山漢簡	（七）孔家坡漢簡	（八）尹灣漢簡	（九）武威漢簡	（十）居延漢簡	（十一）居延新簡	（十二）敦煌漢簡	（十三）額濟納漢簡	（十四）武威醫簡	（十五）東牌樓漢簡
第一	艸部	薛	0042							0026		0034		0033			
	艸部	苦					0031			0027			0029	0034	0021	0019	
	艸部	茅	0043			0012				0028	0028			0035			
	艸部	菅									0029						
	艸部	蘄								0029							
	艸部	莞					0032			0030		0035				0020	
	艸部	藺	0044									0036					
	艸部	蒲	0045				0033	0019				0037		0036		0021	
	艸部	苢															0018
	艸部	蔨					0034重										
		菡					0034重										
	艸部	蔓					0035										
	艸部	茈					0036							0037		0022	
	艸部	蒐	0046														
	艸部	茜						0020									
	艸部	苞	0047														
	艸部	芩														0023	
	艸部	蒹												0038			
	艸部	荷					0037										
	艸部	蕭										0038			0022		
		萷													0022		
	艸部	萩											0030				
	艸部	蘠	0048														
	艸部	茉														0024	
	艸部	葛									0030			0039			
	艸部	蔣															0019
	艸部	苽						0021						0040			
	艸部	菌						0022									

第一	艸部	蕈									0031						
	艸部	芘								0031							
	艸部	荆					0038						0031				0020
	艸部	萌											0032	0041			
	艸部	莖														0025	
	艸部	葉	0049			0013											
	艸部	英	0050										0033				
	艸部	莢														0026	
		荚														0026	
	艸部	茂								0032				0042			
	艸部	芮					0039										
	艸部	芼									0032						
	艸部	蒼					0040	0023				0039	0034	0043			
	艸部	萃										0040		0044			
	艸部	苗	0051			0014											
	艸部	苛	0052									0041	0035				
	艸部	落					0041			0033							
	艸部	蔡	0053				0042		0023	0034		0042	0036				0021
	艸部	薄					0043	0024		0035	0033		0037			0027	
	艸部	苑	0054			0015								0045			
	艸部	菑					0044			0036							
		甾								0036							
	艸部	蕢						0025									
		萁						0025									
	艸部	藥										0043	0038	0046	0023	0028	
	艸部	藉						0026			0034	0044					
	艸部	葢	0055		0013		0045	0027	0024		0035	0045	0039		0024		
		蓋	0055				0045						0039				
		盖									0035	0045	0039		0024		
	艸部	[illegible]	0056														
	艸部	菹									0036						

卷數	部名	被檢字	（一）睡虎地秦簡	（二）放馬灘秦簡	（三）周家臺秦簡	（四）龍崗秦簡	（五）張家山漢簡	（六）鳳凰山漢簡	（七）孔家坡漢簡	（八）尹灣漢簡	（九）武威漢簡	（十）居延漢簡	（十一）居延新簡	（十二）敦煌漢簡	（十三）額濟納漢簡	（十四）武威醫簡	（十五）東牌樓漢簡
第一	艸部	荃					0046										
	艸部	若	0057	0012	0014	0016	0047		0025	0037	0037	0046	0040	0047	0025	0029	0022
	艸部	萆											0041				
	艸部	苴									0038						
	艸部	芻	0058			0017	0048	0028	0026								
	艸部	茭										0047	0042	0048	0026		
	艸部	莝											0043	0049			
	艸部	苣										0048	0044	0050	0027		
	艸部	薪	0059				0049					0049	0045	0051	0028	0030	
	艸部	蒸				0018重											
	艸部	蕉									0039						
	艸部	斵	0060	0013													
	艸部	折	0061重				0050重		0027重	0038重	0040重		0046重	0052重	0029重	0031重	
	艸部	芥	0062					0029									
	艸部	蔥	0063		0015							0050	0047				
	艸部	苟							0028		0041		0048				
	艸部	莎	0064											0053			
	艸部	堇		0014													
	艸部	菲									0042						
	艸部	葦	0065									0051	0049	0054		0032	
	艸部	葭												0055			
	艸部	萊					0051			0039			0050				
	艸部	荔	0066														
	艸部	蒙										0052	0051	0056			0023
	艸部	范								0040		0053	0052	0057	0030		0024
	艸部	荼				0019											
	艸部	蒿		0015					0029								
	艸部	蓬										0054		0058	0031		

第一	艸部	葆	0067								0043	0055			0032		
	艸部	蕃	0068														
	艸部	草	0069	0016	0016	0020	0052		0030		0044	0056	0053	0059		0033	0025
	艸部	菆								0041						0034	
	艸部	萶	0070				0053		0031	0042		0057	0054	0060	0033	0035	
		春	0070				0053		0031	0042		0057	0054	0060	0033	0035	
		旾	0070														
	艸部	薌									0045新		0055新	0061新			
	艸部	藏											0056新				
	艸部	芳											0057				
	艸部	芾	0071														
	艸部	䒦									0046						
	艸部	茾	0072														
	艸部	著					0054							0062			
	艸部	菒														0036	
	艸部	𦯀					0055										
	艸部	𦺗															0026
	艸部	茖								0043	0047		0058				
	艸部	𦳌	0073														
	艸部	葥	0074														
	艸部	董											0059	0063			
	艸部	𦸗								0044							
	艸部	蒭															0027
		茤															0027
	艸部	蔀													0034		
	艸部	蔪								0045							
	艸部	蕗														0037	
	艸部	蘻	0075														
	艸部	藶	0076														
	艸部	蔦	0077														
	艸部	孽	0078														

卷數	部名	被檢字	（一）睡虎地秦簡	（二）放馬灘秦簡	（三）周家臺秦簡	（四）龍崗秦簡	（五）張家山漢簡	（六）鳳凰山漢簡	（七）孔家坡漢簡	（八）尹灣漢簡	（九）武威漢簡	（十）居延漢簡	（十一）居延新簡	（十二）敦煌漢簡	（十三）額濟納漢簡	（十四）武威醫簡	（十五）東牌樓漢簡
第一	艸部	蘚	0079					0030									
	茻部	莫	0080	0017	0017		0056	0031	0032	0046		0058	0060	0064	0035	0038	
	茻部	莽	0081														
	茻部	葬	0082			0021	0057		0033		0048						
		塟									0048						
第二	小部	小	0083	0018	0018	0022	0058	0032	0034	0047	0049	0059	0061	0065	0036	0039	0028
	小部	少	0084	0019	0019	0023	0059	0033	0035	0048	0050	0060	0062	0066	0037	0040	0029
	八部	八	0085	0020	0020		0060	0034	0036	0049	0051	0061	0063	0067	0038	0041	0030
	八部	分	0086		0021	0024	0061	0035	0037	0050	0052	0062	0064	0068		0042	0031
	八部	曾								0051	0053	0063	0065	0069		0043	0032
	八部	尚	0087			0025	0062		0038	0052	0054	0064	0066	0070		0044	0033
	八部	詹					0063										
	八部	介	0088						0039					0071	0039		
	八部	公	0089	0021	0022		0064	0036		0053	0055	0065	0067	0072	0040	0045	0034
	八部	必	0090	0022	0023	0026	0065		0040	0054	0056	0066	0068	0073	0041		0035
	八部	余	0091				0066	0037						0074			
	釆部	番							0041	0055		0067					
	釆部	審	0092重				0067重						0069重				
	釆部	悉	0093				0068										0036
	半部	半	0094		0024	0027	0069	0038	0042		0057	0068	0070	0075	0042	0046	0037
	牛部	牛	0095	0023	0025	0028	0070	0039	0043		0058	0069	0071	0076	0043	0047	0038
	牛部	牡	0096		0026		0071	0040	0044		0059	0070		0077		0048	
		牪						0040									
		牡														0048	
	牛部	特									0060		0072				
	牛部	牝	0097		0027		0072		0045			0071	0073				
	牛部	犢									0061		0074				
	牛部	犗												0078			

第二	牛部	犖												0079			
		𤛓												0079			
	牛部	牟								0056			0075				
	牛部	牲	0098								0062						
	牛部	牷	0099														
	牛部	牽	0100				0073					0072					
	牛部	牢	0101	0024			0074		0046	0057	0063	0073	0076	0080			
	牛部	𥞊	0102														
		𪏰	0102														
	牛部	犀	0103														
	牛部	物	0104		0028	0029	0075	0041	0047	0058	0064	0074	0077	0081	0044	0049	0039
	牛部	犧											0078				
	牛部	𤘴					0076										
	牛部	犆													0045		
	牛部	𤙣											0079				
	牛部	𤜶	0105														
	犛部	斄											0080				
	告部	告	0106		0029	0030	0077	0042		0059	0065	0075	0081	0082	0046		0040
	口部	口	0107	0025			0078	0043	0048	0060		0076	0082	0083	0047		
	口部	喙														0050	
	口部	吻	0108														
	口部	喉														0051	
	口部	噲					0079										
	口部	吞										0077	0083	0084	0048	0052	
	口部	咽														0053	
	口部	嗌														0054	
	口部	嚌									0066						
		𡃸									0066						
	口部	味	0109						0049								
		𩚳							0049								
	口部	呼								0061		0078	0084	0085		0055	

卷數	部名	被檢字	（一）睡虎地秦簡	（二）放馬灘秦簡	（三）周家臺秦簡	（四）龍崗秦簡	（五）張家山漢簡	（六）鳳凰山漢簡	（七）孔家坡漢簡	（八）尹灣漢簡	（九）武威漢簡	（十）居延漢簡	（十一）居延新簡	（十二）敦煌漢簡	（十三）額濟納漢簡	（十四）武威醫簡	（十五）東牌樓漢簡
第二	口部	吸					0080										
	口部	吹					0081				0067						
	口部	名	0110	0026	0030		0082	0044	0050	0062	0068	0079	0085	0086	0049	0056	0041
	口部	吾	0111	0027			0083		0051	0063	0069	0080				0057	0042
	口部	君	0112	0028	0031		0084		0052	0064	0070	0081	0086	0087	0050	0058	0043
	口部	命	0113		0032		0085		0053	0065	0071		0087	0088			0044
	口部	召	0114				0086				0072	0082	0088	0089	0051		
	口部	問	0115		0033	0031	0087		0054	0066	0073	0083	0089	0090	0052		0045
	口部	唯	0116				0088		0055	0067	0074	0084	0090	0091			0046
	口部	和	0117				0089		0056			0085	0091	0092	0053	0059	0047
	口部	咄								0068							
	口部	哉								0069				0093			
	口部	噂								0070							
	口部	台	0118	0029			0090										
	口部	咸	0119	0030	0034		0091		0057	0071			0092	0094			
	口部	啻	0120	0031					0058								
	口部	吉	0121	0032	0035		0092		0059	0072	0075	0086	0093	0095	0054		0048
	口部	周	0122		0036		0093		0060	0073	0076	0087	0094	0096	0055		0049
	口部	唐					0094	0045		0074		0088		0097			0050
	口部	吃									0077						
	口部	啐									0078						
	口部	吝	0123														
	口部	各	0124	0033	0037	0032	0095	0046	0061	0075	0079	0089	0095	0098		0060	0051
	口部	哀	0125				0096		0062	0076		0090	0096	0099	0056		0052
	口部	咼	0126														
	口部	唬													0057		
	口部	局	0127														
	口部	喚															0053新

第二	口部	叩								0077		0091	0097	0100	0058		0054
	口部	另															0055
	口部	呫									0080						
	口部	哈								0078							
	口部	唅														0061	
	吅部	嚴	0128									0092	0098	0101			
	吅部	單	0129		0038			0047		0079		0093	0099	0102	0059		0056
	哭部	哭	0130				0097		0063		0081						
	哭部	喪	0131	0034			0098		0064		0082						
	走部	走	0132				0099			0080	0083	0094		0103	0060		
	走部	趨									0084						
	走部	赴										0095					
	走部	趣	0133									0096	0100		0061		
	走部	超											0101				
	走部	越	0134				0100	0048			0085	0097	0102	0104	0062		
	走部	蹇					0101										
	走部	起	0135	0035					0065	0081		0098	0103	0105	0063	0062	0057
	走部	趙					0102					0099	0104	0106	0064		0058
	走部	趆	0136														
	走部	[illegible]	0137														
	止部	止	0138		0039	0033	0103		0066	0082	0086	0100	0105	0107	0065	0063	0059
	止部	歫	0139														
	止部	歬	0140	0036	0040		0104	0049	0067	0083	0087	0101	0106	0108	0066	0064	0060
		前	0140	0036	0040		0104	0049	0067	0083	0087	0101	0106	0108	0066	0064	0060
	止部	歸	0141			0034	0105		0068		0088	0102	0107	0109	0067	0065	0061
	止部	[illegible]	0142														
	癶部	登								0084		0103	0108		0068		
	步部	步	0143		0041		0106		0069		0089	0104	0109	0110	0069		0062
	步部	歲	0144		0042		0107	0050	0070	0085	0090	0105	0110	0111		0066	0063
	此部	此	0145	0037	0043	0035	0108		0071	0086	0091	0106	0111	0112	0070	0067	0064
	正部	正	0146	0038	0044	0036	0109	0051	0072	0087	0092	0107	0112	0113	0071		0065

卷數	部名	被檢字	（一）睡虎地秦簡	（二）放馬灘秦簡	（三）周家臺秦簡	（四）龍崗秦簡	（五）張家山漢簡	（六）鳳凰山漢簡	（七）孔家坡漢簡	（八）尹灣漢簡	（九）武威漢簡	（十）居延漢簡	（十一）居延新簡	（十二）敦煌漢簡	（十三）額濟納漢簡	（十四）武威醫簡	（十五）東牌樓漢簡
第二	正部	乏	0147				0110				0093	0108	0113	0114			
	是部	是	0148	0039	0045		0111		0073		0094	0109	0114		0072		0066
	辵部	迹	0149			0037	0112					0110	0115	0115	0073		
	辵部	邁															0067
	辵部	𨑒	0150			0038	0113			0088	0095	0111	0116	0116	0074		
		徒				0038	0113			0088	0095	0111	0116	0116	0074		
	辵部	征															0068重
	辵部	隨	0151				0114			0089		0112	0117	0117	0075	0068	0069
	辵部	述					0115				0096						
	辵部	遵											0118				0070
	辵部	適	0152				0116				0097	0113	0119	0118			
	辵部	過	0153	0040	0046	0039	0117		0074	0090	0098	0114	0120	0119	0076	0069	
	辵部	進					0118		0075	0091	0099	0115	0121	0120			0071
	辵部	造	0154		0047		0119	0052				0116	0122	0121	0077	0070	
	辵部	逾														0071	
	辵部	遝	0155				0120					0117		0122			
	辵部	逆	0156				0121		0076			0118	0123	0123	0078	0072	
	辵部	迎									0100		0124				
	辵部	遇	0157		0048		0122		0077	0092			0125				0072
	辵部	遭															0073
	辵部	逢	0158	0041			0123			0093			0126	0124			
	辵部	通	0159				0124			0094		0119	0127	0125	0079	0073	0074
	辵部	𨑨	0160			0040	0125		0078			0120	0128				
		徙				0040	0125		0078			0120	0128				
	辵部	遷								0095	0101	0121	0129	0126			
	辵部	運												0127			
	辵部	還								0096	0102	0122	0130	0128			0075
	辵部	選									0103						

第二	辵部	送	0161				0126	0053		0097	0104	0123	0131	0129			0076
	辵部	遣	0162				0127	0054		0098	0105	0124	0132	0130	0080		0077
	辵部	逮	0163				0128	0055						0131			
	辵部	遲										0125	0133	0132			
	辵部	避	0164				0129										
	辵部	達	0165								0106	0126					0078
	辵部	迷															0079
	辵部	連	0166							0099		0127		0133	0081	0074	0080
	辵部	逋	0167			0041	0130							0134			0081
	辵部	遺	0168			0042	0131						0134			0075	
	辵部	遂					0132			0100	0107	0128	0135			0076	
	辵部	逃		0042								0129					
	辵部	追	0169		0049	0043	0133			0101		0130	0136	0135	0082		
	辵部	逐	0170		0050		0134		0079	0102		0131	0137	0136	0083	0077	
	辵部	近	0171				0135				0108	0132	0138	0137	0084		
	辵部	邋	0172														
	辵部	迫								0103		0133	0139	0138			0082
	辵部	遏											0140				
	辵部	遮										0134	0141				
	辵部	迣	0173		0051												
	辵部	遼										0135					
	辵部	遠	0174	0043	0052		0136		0080	0104	0109	0136	0142	0139	0085	0078	
	辵部	道	0175	0044	0053	0044	0137		0081	0105	0110	0137	0143	0140	0086		0083
	辵部	遽	0176														
	辵部	邉	0177		0054		0138				0111		0144	0141			
		邊									0111		0144	0141			
	辵部	迸				0045新											
	辵部	迢												0142新			
	辵部	迍											0145				
	辵部	逨															0084
	辵部	適					0139										

卷數	部名	被檢字	（一）睡虎地秦簡	（二）放馬灘秦簡	（三）周家臺秦簡	（四）龍崗秦簡	（五）張家山漢簡	（六）鳳凰山漢簡	（七）孔家坡漢簡	（八）尹灣漢簡	（九）武威漢簡	（十）居延漢簡	（十一）居延新簡	（十二）敦煌漢簡	（十三）額濟納漢簡	（十四）武威醫簡	（十五）東牌樓漢簡
第二	辵部	遣								0106							
	辵部	遣	0178														
	辵部	遷	0179														
	彳部	德					0140		0082	0107		0138	0146	0143			
	彳部	徑					0141										0085
	彳部	復	0180		0055	0046	0142		0083	0108	0112	0139	0147	0144	0087	0079	0086
	彳部	往	0181	0045			0143			0109		0140	0148	0145			0087
	彳部	彼	0182	0046			0144										
	彳部	徼	0183			0047	0145		0084	0110		0141		0146			
	彳部	循	0184			0048	0146	0056				0142	0149	0147			
	彳部	微	0185				0147				0113		0150				
	彳部	徐	0186				0148			0111	0114	0143	0151		0088		
	彳部	待									0115		0152	0148			0088
	彳部	假									0116	0144	0153				
	彳部	退					0149重				0117重						
	彳部	後	0187	0047	0056		0150		0085	0112	0118	0145	0154	0149	0089	0080	0089
	彳部	得	0188	0048	0057	0049	0151	0057	0086	0113	0119	0146	0155	0150	0090	0081	0090
	彳部	律	0189			0050	0152	0058				0147	0156	0151	0091		
	彳部	御	0190		0058	0051	0153	0059	0087		0120	0148		0152			0091
	彳部	�						0060									
	廴部	廷	0191		0059		0154		0088			0149	0157	0153			
	廴部	建	0192	0049			0155		0089	0114	0121	0150	0158	0154	0092	0082	0092
	延部	延	0193				0156	0061		0115	0122	0151	0159	0155	0093		
	行部	行	0194	0050	0060	0052	0157	0062	0090	0116	0123	0152	0160	0156	0094	0083	0093
	行部	術	0195		0061		0158		0091		0124	0153					
		术			0061												
	行部	街	0196		0062				0092								
	行部	衙	0197			0053			0093								

第二	行部	衙					0159										
	行部	衛	0198				0160										
		衛	0198				0160										
	行部	衞	0199									0154	0161				
	行部	衖	0200														
	齒部	齒	0201		0063		0161	0063	0094		0125	0155	0162	0157		0084	
	齒部	齔					0162										
	齒部	齦					0163										
	齒部	齧	0202				0164									0085	
	牙部	牙								0117							
	足部	足	0203		0064		0165	0064	0095	0118	0126	0156	0163	0158		0086	
		告	0203														
	足部	踝					0166										
	足部	踐	0204				0167				0127						
	足部	踵					0168				0128			0159			
		蹱					0168										
	足部	蹢					0169										
	足部	蹶					0170										
		蹷					0170										
	足部	距					0171										
	足部	路										0157		0160			
	足部	跂										0158					
	足部	跗					0172										
	足部	跲					0173										
	足部	踱					0174										
	足部	蹽	0205														
	足部	踜	0206														
	足部	蹱						0065									
	品部	品								0119		0159	0164	0161	0095		
	品部	喿	0207														
	龠部	龠	0208														

卷數	部名	被檢字	（一）睡虎地秦簡	（二）放馬灘秦簡	（三）周家臺秦簡	（四）龍崗秦簡	（五）張家山漢簡	（六）鳳凰山漢簡	（七）孔家坡漢簡	（八）尹灣漢簡	（九）武威漢簡	（十）居延漢簡	（十一）居延新簡	（十二）敦煌漢簡	（十三）額濟納漢簡	（十四）武威醫簡	（十五）東牌樓漢簡
第二	冊部	嗣									0129			0162			
	冊部	扁	0209	0051			0175						0165	0163	0096	0087	
第三	㗊部	嚚							0096		0130						
	㗊部	器	0210				0176	0066	0097		0131	0160	0166	0164		0088	0094
		噐									0131	0160	0166	0164		0088	0094
	舌部	舌	0211				0177				0132	0161	0167				
	干部	干	0212				0178			0120	0133	0162	0168	0165	0097		
	㕯部	商	0213	0052			0179				0134		0169		0098		
	句部	句	0214				0180		0098	0121	0135						
	句部	拘										0163	0170				0095
	句部	笱	0215		0065		0181			0122							
	句部	鉤					0182					0164	0171	0166			
	古部	古	0216	0053				0067			0136	0165	0172	0167		0089	
	十部	十	0217	0054	0066	0054	0183	0068	0099	0123	0137	0166	0173	0168	0099	0090	0096
	十部	丈	0218	0055		0055	0184	0069	0100		0138	0167	0174	0169	0100		
	十部	千	0219	0056		0056	0185	0070	0101	0124	0139	0168	0175	0170	0101	0091	0097
	十部	博						0071		0125	0140	0169	0176	0171	0102		
	十部	廿	0220		0067	0057	0186	0072	0102	0126		0170	0177	0172	0103	0092	0098
	十部	卌	0221			0058	0187	0073	0103	0127	0141		0178	0173	0104		
	卅部	卅	0222		0068		0188	0074	0104	0128		0171	0179	0174	0105	0093	0099
		丗	0222		0068		0188	0074	0104	0128		0171	0179	0174	0105	0093	0099
	卅部	世							0105	0129	0142	0172	0180	0175	0106		0100
	言部	言	0223	0057	0069	0059	0189	0075	0106	0130	0143	0173	0181	0176	0107	0094	0101
	言部	語	0224		0070					0131			0182	0177			0102
	言部	謂	0225		0071		0190			0132		0174	0183	0178	0108	0095	
	言部	諒	0226									0175					
	言部	請	0227		0072	0060	0191		0107	0133	0144	0176	0184	0179	0109		
	言部	謁	0228		0073	0061	0192	0076	0108	0134		0177	0185	0180	0110		

第三	言部	許	0229		0074		0193			0135	0145	0178	0186	0181			0103
	言部	諾									0146						
	言部	讎	0230				0194					0179	0187				
	言部	諸				0062	0195			0136	0147	0180	0188	0182	0111	0096	0104
	言部	詩								0137	0148		0189	0183			
	言部	諷												0184			
	言部	誦												0185			
	言部	讀				0063											
	言部	譔												0186			
	言部	謀	0231	0058			0196								0112		
	言部	論	0232			0064	0197	0077			0149	0181					
	言部	議	0233				0198					0182		0187			
		[illegible]					0198										
	言部	詳					0199			0138			0190				0105
	言部	識	0234				0200						0191	0188			
	言部	訊	0235				0201					0183					0106
	言部	謹	0236				0202	0078		0139		0184	0192	0189	0113		
	言部	諶											0193				
	言部	信	0237				0203				0150	0185	0194	0190			0107
	言部	誠	0238				0204			0140		0186	0195	0191			0108
	言部	諱										0187					
	言部	詔					0205			0141	0151	0188	0196	0192	0114		
	言部	諫										0189	0197				
	言部	課	0239									0190	0198				0109
	言部	試	0240				0206					0191	0199				
	言部	訢								0142							
	言部	説	0241		0075		0207	0079			0152						0110
	言部	計	0242				0208	0080	0109			0192	0200	0193	0115		
	言部	調					0209					0193	0201	0194	0116	0097	
	言部	諈	0243														
	言部	警											0202	0195	0117		

卷數	部名	被檢字	（一）睡虎地秦簡	（二）放馬灘秦簡	（三）周家臺秦簡	（四）龍崗秦簡	（五）張家山漢簡	（六）鳳凰山漢簡	（七）孔家坡漢簡	（八）尹灣漢簡	（九）武威漢簡	（十）居延漢簡	（十一）居延新簡	（十二）敦煌漢簡	（十三）額濟納漢簡	（十四）武威醫簡	（十五）東牌樓漢簡
第三	言部	謙					0210						0203				
	言部	誼										0194	0204		0118		
	言部	詡										0195	0205	0196	0119		
	言部	詷	0244			0065	0211										
	言部	誧	0245														
	言部	諰	0246														
	言部	設					0212				0153	0196			0120		
	言部	護									0154	0197		0197			
	言部	記								0143	0155	0198	0206	0198	0121		0111
	言部	譽	0247														
	言部	譸	0248				0213										
	言部	謝											0207				0112
	言部	諍															0113
	言部	訖											0208	0199			
	言部	迓	0249重														
	言部	詣	0250				0214		0110			0199	0209	0200	0122		0114
	言部	講					0215								0123		
	言部	詑					0216										
	言部	謾					0217						0210				
	言部	詐	0251			0066	0218										
	言部	詒	0252														
	言部	誣	0253				0219										
	言部	謗	0254														
	言部	詛	0255						0111		0156						
	言部	䜌											0211				
	言部	誤	0256				0220					0200	0212	0201			
	言部	註					0221										
	言部	訾	0257					0081				0201	0213	0202			

第三	言部	訮					0222										
	言部	諆										0202					
	言部	詐	0258				0223				0157		0214				
	言部	訏	0259														
	言部	訟			0076		0224								0124		
	言部	訶												0203			
	言部	愬								0144重							
	言部	讜	0260										0215				
		讇	0260														
	言部	讓				0067					0158		0216		0125		
	言部	誶	0261			0068											
	言部	詰	0262				0225										
	言部	證					0226					0203	0217	0204	0126		0115
	言部	詘					0227			0145	0159	0204					
	言部	詷					0228										
	言部	謏					0229										
	言部	誰	0263				0230		0112					0205			0116
	言部	調												0206重			
	言部	診	0264				0231						0218				
	言部	誅					0232							0207			
	言部	詬										0205					
	言部	詾	0265重				0233重										
	言部	諜	0266														
	言部	譯											0219				
	言部	詢	0267														
	言部	誌									0160新	0206新					
	言部	訊	0268														
	言部	訑	0269														
	言部	詠	0270														
	言部	訞					0234										
	言部	誙	0271														

卷數	部名	被檢字	（一）睡虎地秦簡	（二）放馬灘秦簡	（三）周家臺秦簡	（四）龍崗秦簡	（五）張家山漢簡	（六）鳳凰山漢簡	（七）孔家坡漢簡	（八）尹灣漢簡	（九）武威漢簡	（十）居延漢簡	（十一）居延新簡	（十二）敦煌漢簡	（十三）額濟納漢簡	（十四）武威醫簡	（十五）東牌樓漢簡
第三	言部	詑								0146	0161			0208			
	言部	諹									0162						
	言部	譍	0272														
	言部	謞	0273														
	言部	謶												0209			
	言部	譚								0147		0207	0220		0127		
	言部	𧭈					0235										
	誩部	善	0274重	0059重	0077重	0069重	0236重		0113重	0148重	0163重	0208重	0221重	0210重	0128重		0117重
	誩部	競			0078									0211			
	音部	音	0275	0060			0237					0209	0222	0212		0098	
	音部	章	0276				0238	0082		0149		0210	0223	0213	0129		
	音部	竟					0239	0083				0211	0224	0214	0130		0118
		竞						0083									
	辛部	童	0277	0061			0240	0084	0114	0150	0164						
	辛部	妾	0278			0070	0241		0115	0151	0165	0212		0215			
	丵部	業											0225	0216	0131		
	丵部	叢	0279														
	丵部	對					0242				0166	0213	0226	0217	0132		
	丵部	對								0152重	0167重	0214重	0227重				0119重
	菐部	僕	0280				0243	0085	0116	0153	0168						
	収部	奉					0244	0086		0154	0169	0215	0228	0218	0133		0120
	収部	丞	0281			0071	0245	0087	0117	0155		0216	0229	0219	0134		0121
	収部	畁	0282														
	収部	弄	0283														
	収部	戒	0284	0062					0118		0170	0217	0230	0220			0122
	収部	兵	0285	0063	0079		0246	0088	0119			0218	0231	0221	0135		0123
	収部	龔	0286														
	収部	具	0287			0072	0247	0089		0156	0171	0219	0232	0222	0136		0124

第三	癶部	樊										0220	0233		0137		
		樊										0220	0233				
	共部	共	0288				0248	0090		0157	0172	0221	0234	0223			0125
	共部	龔								0158					0138		
		龔													0138		
	異部	異	0289		0080		0249	0091	0120		0173	0222	0235		0139	0099	0126
	異部	戴						0092				0223					
	舁部	䙴	0290重			0073重	0250重										
	舁部	與	0291		0081	0074	0251	0093	0121	0159	0174	0224	0236	0224	0140	0100	0127
	舁部	興	0292				0252		0122		0175			0225	0141		0128
	臼部	䙳	0293重				0253重					0225重	0237重	0226重			0129重
		要															0129重
	晨部	晨					0254	0094									
	晨部	農	0294		0082	0075	0255					0226	0238	0227		0101	0130
		農										0226	0238	0227		0101	0130
	晨部	辳					0256重										
	爨部	爨	0295								0176						
		爂									0176						
		爂									0176						
	革部	革	0296			0076	0257	0095	0123		0177	0227	0239				
	革部	鞮					0258						0240				
	革部	鞠					0259	0096						0228			
	革部	鞞	0297				0260										
	革部	韇	0298														
	革部	靳	0299					0097				0228			0142		
	革部	鞪												0229			
	革部	勒								0160		0229		0230			
	革部	鞅	0300											0231			
	革部	[illegible]	0301														
	革部	鞓													0143		
	革部	鞫	0302			0077	0261										

卷數	部名	被檢字	（一）睡虎地秦簡	（二）放馬灘秦簡	（三）周家臺秦簡	（四）龍崗秦簡	（五）張家山漢簡	（六）鳳凰山漢簡	（七）孔家坡漢簡	（八）尹灣漢簡	（九）武威漢簡	（十）居延漢簡	（十一）居延新簡	（十二）敦煌漢簡	（十三）額濟納漢簡	（十四）武威醫簡	（十五）東牌樓漢簡
第三	鬲部	鬲									0178					0102	
	鬲部	鬴	0303														
	鬲部	釜						0098重				0230重					
	鬲部	鬳	0304														
	鬲部	融											0241	0232	0144		
	䰜部	鬻									0179					0103	
		粥									0179					0103	
	䰜部	羹	0305重								0180重	0231重		0233重			
	䰜部	䰞	0306		0083												
		鬻	0306		0083												
	䰜部	煮														0104重	
	爪部	爪							0124								
	爪部	爲	0307	0064	0084	0078	0262	0099	0125	0161	0181	0232	0242	0234	0145	0105	0131
		为								0161		0232	0242	0234	0145	0105	0131
	丮部	埶					0263										
	丮部	孰	0308				0264		0126		0182		0243				
	丮部	执									0183						
	鬥部	鬭	0309				0265		0127				0244				
		鬬							0127								
	又部	又	0310					0100		0162	0184	0233	0245	0235	0146	0106	0132
	又部	右	0311	0065	0085		0266	0101	0128	0163	0185	0234	0246	0236	0147	0107	0133
	又部	父	0312		0086		0267	0102	0129	0164	0186	0235	0247	0237	0148	0108	0134
	又部	叜	0313														
	又部	曼											0248	0238			
	又部	夬	0314			0079	0268			0165		0236			0149		
	又部	尹								0166		0237	0249	0239	0150		0135
	又部	及	0315	0066	0087	0080	0269	0103	0130	0167	0187	0238	0250	0240	0151	0109	0136
	又部	秉	0316							0168				0241			

第三	又部	反	0317			0081	0270		0131	0169	0188	0239	0251	0242	0152		
	又部	叔	0318		0088				0132	0170	0189						
	又部	取	0319	0067	0089	0082	0271	0104	0133	0171	0190	0240	0252	0243	0153	0110	0137
	又部	叚	0320			0083	0272										
	又部	友	0321								0191		0253				
	又部	度	0322				0273		0134		0192	0241	0254	0244		0111	0138
	𠂇部	卑					0274	0105			0193		0255	0245	0154	0112	
	史部	史	0323		0090	0084	0275		0135	0172	0194	0242	0256	0246	0155		0139
	史部	事	0324	0068	0091	0085	0276	0106	0136	0173	0195	0243	0257	0247	0156	0113	0140
	支部	支	0325	0069			0277		0137	0174	0196	0244	0258	0248	0157		
	聿部	肄	0326重								0197重						
	聿部	聿											0259		0158		
	聿部	筆	0327							0175		0245		0249	0159		
	聿部	書	0328			0086	0278	0107		0176	0198	0246	0260	0250	0160		0141
	畫部	畫	0329		0092		0279	0108		0177		0247		0251			
	畫部	晝	0330	0070					0138		0199	0248	0261	0252		0114	
	隶部	隸	0331			0087	0280				0200						
		隸									0200						
		隸									0200						
	臤部	堅	0332				0281	0109				0249	0262	0253	0161		
	臤部	豎					0282	0110									
	臣部	臣	0333		0093	0088	0283	0111	0139	0178	0201	0250	0263	0254	0162		
	臣部	臧	0334			0089	0284		0140	0179		0251	0264				
	殳部	殳	0335	0071													
	殳部	毃	0336		0094		0285	0112	0141	0180							
		毄	0336														
	殳部	殸						0113									
	殳部	毆	0337				0286					0252		0255			
		殴										0252					
	殳部	殿	0338				0287					0253		0256			
		壂												0256			

卷數	部名	被檢字	（一）睡虎地秦簡	（二）放馬灘秦簡	（三）周家臺秦簡	（四）龍崗秦簡	（五）張家山漢簡	（六）鳳凰山漢簡	（七）孔家坡漢簡	（八）尹灣漢簡	（九）武威漢簡	（十）居延漢簡	（十一）居延新簡	（十二）敦煌漢簡	（十三）額濟納漢簡	（十四）武威醫簡	（十五）東牌樓漢簡
第三		殿					0287										
	殳部	毆	0339	0072	0095	0090	0288										
	殳部	段								0181	0202	0254					
	殳部	殽	0340		0096						0203						
	殳部	[illegible]					0289										
	殺部	殺	0341			0091	0290		0142		0204		0265	0257			
	九部	鳧					0291										
	寸部	寸	0342			0092	0292	0114	0143		0205	0255	0266	0258		0115	0142
	寸部	寺	0343				0293				0206	0256	0267	0259			
	寸部	將	0344			0093	0294	0115	0144	0182	0207	0257	0268	0260	0163	0116	0143
	寸部	專									0208			0261	0164		
	寸部	尃	0345														
	皮部	皮	0346			0094	0295					0258	0269	0262			
	攴部	啟	0347	0073			0296		0145		0209						
	攴部	徹	0348								0210						
		衛									0210						
	攴部	敏									0211						
	攴部	敺	0349														
	攴部	效	0350				0297							0263			
	攴部	故	0351	0074	0097	0095	0298	0116	0146	0183	0212	0259	0270	0264	0165	0117	0144
	攴部	政	0352	0075						0184	0213	0260	0271	0265			
	攴部	敷															0145
	攴部	數	0353		0098	0096	0299		0147		0214	0261	0272	0266	0166	0118	0146
		[illegible]							0147								
		[illegible]							0147								
		[illegible]					0299				0214	0261	0272	0266	0166		
		[illegible]			0098												
		數					0299										

第三		叙										0261					
	攴部	孜										0262					
	攴部	孜										0262					
	攴部	敞										0263	0273		0167		
	攴部	改					0300				0215	0264	0274				0147
	攴部	變	0354		0099		0301					0265	0275	0267			
	攴部	更	0355				0302		0148	0185	0216	0266	0276	0268	0168	0119	
	攴部	敕										0267			0169		
	攴部	斂	0356								0217		0277	0269		0120	
	攴部	敵															0148
	攴部	救	0357				0303										
	攴部	赦	0358									0268	0278	0270			0149
	攴部	攸					0304										
	攴部	敉							0149								
	攴部	敦	0359			0097	0305	0117			0218	0269		0271			
	攴部	敗	0360			0098	0306		0150				0279	0272		0121	
	攴部	寇	0361				0307	0118				0270	0280	0273			0150
	攴部	收	0362	0076			0308		0151		0219	0271	0281	0274			
	攴部	攻	0363	0077	0100		0309		0152								
	攴部	敨	0364														
	攴部	牧	0365			0099	0310	0119				0272	0282	0275			
	攴部	敺	0366														
	攴部	敓	0367														
	攴部	敹	0368														
	教部	教	0369				0311					0273	0283	0276	0170		0151
	教部	學	0370重				0312重				0220重				0171重		
	卜部	卜	0371	0078			0313					0274	0284	0277			
	卜部	卦		0079							0221						
	卜部	貞	0372	0080				0120									
	卜部	占	0373	0081	0101		0314		0153	0186	0222	0275	0285				
	卜部	兆	0374重										0286重				

卷數	部名	被檢字	（一）睡虎地秦簡	（二）放馬灘秦簡	（三）周家臺秦簡	（四）龍崗秦簡	（五）張家山漢簡	（六）鳳凰山漢簡	（七）孔家坡漢簡	（八）尹灣漢簡	（九）武威漢簡	（十）居延漢簡	（十一）居延新簡	（十二）敦煌漢簡	（十三）額濟納漢簡	（十四）武威醫簡	（十五）東牌樓漢簡
第三	用部	用	0375		0102	0100	0315		0154	0187	0223	0276	0287	0278	0172	0122	0152
	用部	甫												0279			0153
	用部	庸	0376				0316	0121			0224		0288	0280			
	用部	甯										0277					
	㸚部	爾															0154
		尒															0154
	㸚部	爽	0377														
第四	目部	目	0378	0082	0103		0317		0155		0225	0278	0289	0281	0173	0123	
	目部	睆					0318重										
	目部	瞏	0379				0319			0188							
		睘	0379				0319			0188							
	目部	⿱般目												0282			
	目部	睢									0226						
	目部	瞻					0320						0290				
	目部	眢											0291				
	目部	相	0380		0104		0321	0122	0156	0189	0227	0279	0292	0283	0174	0124	0155
	目部	瞋	0381														
	目部	督											0293	0284	0175		0156
	目部	盲										0280					
	目部	⿰目㐬					0322										
	目部	⿱莫目			0105												
	目部	⿱复目	0382														
	目部	睯	0383														
	眉部	眉												0285			0157
	眉部	省	0384							0190		0281	0294	0286	0176		0158
	盾部	盾	0385			0101	0323						0295	0287			
	自部	自	0386		0106	0102	0324		0157	0191	0228	0282	0296	0288	0177	0125	0159
	白部	皆	0387	0083	0107	0103	0325		0158	0192	0229	0283	0297	0289	0178	0126	0160

第四	白部	魯					0326			0193		0284	0298	0290		0127	
	白部	者	0388	0084	0108	0104	0327	0123	0159	0194	0230	0285	0299	0291	0179	0128	0161
	白部	𥏼	0389		0109	0105	0328	0124									0162
		智															0162
	白部	百	0390	0085	0110	0106	0329	0125	0160	0195	0231	0286	0300	0292	0180	0129	0163
	鼻部	鼻	0391		0111		0330		0161				0301			0130	
	鼻部	齅					0331										
	習部	習	0392								0232	0287	0302				0164
	羽部	羽	0393				0332		0162	0196	0233		0303	0293			
	羽部	翟												0294			
	羽部	翁						0126				0288	0304	0295			
	羽部	翕											0305	0296			
	羽部	翬												0297			
	羽部	翏	0394														
	羽部	翔								0197							
	羽部	翠					0333										
	隹部	雅	0395				0334							0298			
	隹部	隻						0127									
	隹部	雒					0335										
	隹部	閵	0396														
	隹部	巂	0397		0112								0306				
		嶲											0306				
		雟	0397														
	隹部	雉				0107					0234						
	隹部	雞	0398				0336	0128	0163	0198			0307			0131	
	隹部	離	0399				0337		0164		0235	0289					
	隹部	雕					0338										
	隹部	雝	0400				0339				0236		0308			0132	
		雍	0400				0339				0236		0308			0132	
	隹部	雁										0290					
	隹部	雇					0340										0165

卷數	部名	被檢字	（一）睡虎地秦簡	（二）放馬灘秦簡	（三）周家臺秦簡	（四）龍崗秦簡	（五）張家山漢簡	（六）鳳凰山漢簡	（七）孔家坡漢簡	（八）尹灣漢簡	（九）武威漢簡	（十）居延漢簡	（十一）居延新簡	（十二）敦煌漢簡	（十三）額濟納漢簡	（十四）武威醫簡	（十五）東牌樓漢簡
第四	隹部	雄							0165	0199						0133	0166
		雅							0165								
	隹部	雌							0166								
	奞部	奪	0401				0341		0167								0167
	奞部	奮	0402							0200							
	萑部	雈									0237						
	萑部	舊									0238		0309				0168
	𦣻部	瞢	0403														
	羊部	羊	0404	0086		0108	0342		0168	0201	0239	0291	0310	0299	0181	0134	0169
	羊部	羔				0109											
	羊部	羠					0343										
	羊部	羘											0311				
	羊部	羸	0405											0300			
	羊部	羣	0406			0110	0344		0169		0240			0301	0182		
	羊部	䍧	0407														
	羊部	美	0408		0113		0345	0129	0170			0292		0302		0135	
	羊部	羌										0293	0312	0303	0183		0170
	羊部	羑															0171
	羊部	羍	0409														
	瞿部	瞿														0136	
	雔部	霍						0130									
		靃						0130									
	雔部	雙						0131					0313				0172
	雥部	雧	0410														
	雥部	集										0294重	0314重	0304重			
	鳥部	鳥	0411			0111			0171	0202		0295					
	鳥部	鳳					0346			0203		0296	0315	0305	0184		
	鳥部	鸞										0297					

第四	鳥部	鳩											0306			
	鳥部	難	0412重	0087重	0114重		0347重			0204重				0307重		0137重	0173重
		難	0412重		0114重		0347重			0204重				0307重		0137重	0173重
	鳥部	鴿									0241						
	鳥部	鴻										0298	0316	0308			
	鳥部	鳫									0242					0138	
		鴈														0138	
	鳥部	鳶	0413														
		鳶	0413														
	鳥部	鷇	0414														
	鳥部	鳴					0348		0172	0205	0243					0139	
	鳥部	鴆								0206							
	鳥部	鵔	0415														
	鳥部	嶋								0207							
	烏部	烏					0349			0208		0299		0309		0140	
	烏部	於	0416重			0112重	0350重		0173重	0209重	0244重		0317重	0310重	0185重		
	烏部	舄														0141	
	烏部	雓	0417重								0245重						
	烏部	焉	0418				0351		0174	0210	0246		0318	0311	0186		
	華部	畢	0419		0115						0247	0300	0319	0312	0187	0142	
	華部	糞	0420									0301	0320				
	華部	棄	0421重			0113重	0352重		0175重	0211重		0302重		0313重			
	冓部	再	0422				0353		0176	0212	0248	0303	0321	0314	0188	0143	0174
	幺部	幼	0423							0213	0249	0304	0322	0315	0189		
	丝部	幾	0424				0354		0177	0214			0323	0316			
	叀部	惠	0425					0132		0215		0305		0317			0175
	叀部	疐	0426											0318			
	玄部	玄	0427				0355				0250	0306	0324	0319		0144	0176
	玄部	玆	0428				0356							0320		0145	
	予部	予			0116	0114	0357	0133	0178	0216		0307	0325	0321	0190		0177
	予部	舒						0134			0251	0308		0322			

卷數	部名	被檢字	（一）睡虎地秦簡	（二）放馬灘秦簡	（三）周家臺秦簡	（四）龍崗秦簡	（五）張家山漢簡	（六）鳳凰山漢簡	（七）孔家坡漢簡	（八）尹灣漢簡	（九）武威漢簡	（十）居延漢簡	（十一）居延新簡	（十二）敦煌漢簡	（十三）額濟納漢簡	（十四）武威醫簡	（十五）東牌樓漢簡
第四		郚						0134									
		羜									0251						
	放部	放										0309	0326	0323			
	放部	敖	0429									0310		0324			
	放部	敫	0430														
		儌	0430														
	𠬪部	爰	0431				0358					0311	0327	0325			
	𠬪部	𤔔	0432														
	𠬪部	受	0433			0115	0359	0135	0179	0217	0252	0312	0328	0326	0191		0178
	𠬪部	爭	0434			0116	0360			0218			0329	0327			
		争												0327			
	𠬪部	𠭥	0435重	0088重	0117重	0117重	0361重	0136重	0180重	0219重	0253重	0313重	0330重	0328重	0192重		0179重
		敢	0435重	0088重	0117重	0117重	0361重	0136重	0180重	0219重	0253重	0313重	0330重	0328重			0179重
	歺部	殊									0254		0331				
	歺部	殤	0436						0181		0255						
		殇							0181		0255						
	歺部	殆	0437														
	歺部	殄										0314	0332	0329	0193		
	歺部	殉				0118											
	歺部	殀	0438														
	歺部	殔					0362										
	死部	死	0439	0089	0118	0119	0363		0182	0220	0256	0315	0333	0330	0194	0146	0180
	冎部	別	0440				0364		0183		0257	0316	0334				0181
	骨部	骨	0441				0365			0221	0258		0335	0331		0147	
	骨部	骭					0366										
	骨部	體	0442				0367										
		軆	0442														
	骨部	髖	0443														

第四	肉部	肉	0444	0090	0119	0120	0368	0137	0184		0259		0336	0332	0195	0148	
	肉部	膎					0369										
	肉部	膚	0445重				0370重				0260重						
	肉部	肫									0261						
	肉部	脣	0446				0371										
	肉部	脰									0262						
	肉部	腎	0447				0372					0317					
	肉部	肺									0263	0318				0149	
	肉部	脾					0373				0264		0337	0333			
	肉部	肝									0265	0319		0334			
	肉部	膽														0150	
		脂														0150	
	肉部	胃	0448		0120		0374		0185		0266	0320				0151	
	肉部	腸			0121		0375		0186		0267	0321				0152	
		膓														0152	
	肉部	膏					0376		0187			0322		0335	0196	0153	
	肉部	肪														0154	0182
	肉部	肊										0323					
	肉部	背					0377					0324				0155	
	肉部	脅					0378			0222	0268		0338			0156	
		脇									0268						
	肉部	肩	0449重				0379重	0138重			0269重	0325重	0339重	0336重	0197重	0157重	
	肉部	胳									0270						
	肉部	胠					0380					0326					
	肉部	臂	0450				0381				0271	0327		0337			
	肉部	臑	0451				0382				0272						
	肉部	肘	0452				0383										
	肉部	腹	0453		0122		0384		0188			0328		0338		0158	
	肉部	腴									0273						
	肉部	股	0454				0385			0223				0339			
	肉部	脛										0329				0159	

卷數	部名	被檢字	（一）睡虎地秦簡	（二）放馬灘秦簡	（三）周家臺秦簡	（四）龍崗秦簡	（五）張家山漢簡	（六）鳳凰山漢簡	（七）孔家坡漢簡	（八）尹灣漢簡	（九）武威漢簡	（十）居延漢簡	（十一）居延新簡	（十二）敦煌漢簡	（十三）額濟納漢簡	（十四）武威醫簡	（十五）東牌樓漢簡
第四	肉部	胻	0455				0386		0189			0330					
		衏										0330					
	肉部	胲									0274						
	肉部	肖	0456				0387						0340			0160	
	肉部	臞					0388										
	肉部	脫	0457				0389						0341		0198		
	肉部	膌									0275						
	肉部	脣									0276						
	肉部	胗					0390										
	肉部	肤	0458				0391										
	肉部	臘								0224							
	肉部	胙			0123												
	肉部	隋	0459											0340			
	肉部	膳									0277						
	肉部	腆										0331					
	肉部	胡			0124		0392	0139		0225	0278	0332	0342	0341	0199	0161	0183
	肉部	膫					0393										
	肉部	脯	0460				0394	0140			0279	0333					
	肉部	脩	0461		0125		0395	0141			0280	0334	0343	0342			
		脩						0141			0280						
	肉部	膞														0162	
	肉部	朐					0396										
	肉部	膴									0281						
	肉部	胥					0397				0282						
	肉部	�					0398										
	肉部	脂	0462														
	肉部	脂	0463				0399						0344	0343	0200	0163	
	肉部	膩					0400										

第四	肉部	胾									0283						
	肉部	膾						0142									
	肉部	𣪊	0464			0121				0226	0284						
		散								0226	0284						
	肉部	膞					0401										
	肉部	腏			0126												
		膐			0126												
	肉部	膠	0465												0201		
		䐠	0465														
	肉部	腐					0402						0345				
	肉部	肎	0466										0346		0202		
	肉部	肥	0467		0127		0403				0285		0347			0164	0184
		肥	0467								0285						
	肉部	脋					0404新										
	肉部	腔	0468新														
	肉部	肵									0286						
	肉部	肦														0165	
	肉部	肮	0469														
	肉部	胕					0405									0166	
		肻														0166	
	肉部	胒					0406										
	肉部	胋	0470														
	肉部	胭					0407										
	肉部	脡									0287						
	肉部	腸									0288						
	肉部	腠					0408										
	肉部	腦					0409							0344			
	肉部	膭					0410										
	肉部	膈											0348		0203		
	肉部	膻									0289						
	筋部	筋	0471			0122	0411										

卷數	部名	被檢字	（一）睡虎地秦簡	（二）放馬灘秦簡	（三）周家臺秦簡	（四）龍崗秦簡	（五）張家山漢簡	（六）鳳凰山漢簡	（七）孔家坡漢簡	（八）尹灣漢簡	（九）武威漢簡	（十）居延漢簡	（十一）居延新簡	（十二）敦煌漢簡	（十三）額濟納漢簡	（十四）武威醫簡	（十五）東牌樓漢簡
第四	刀部	刀	0472				0412			0227		0335	0349	0345		0167	0185
	刀部	削	0473				0413				0290	0336			0204		
	刀部	利	0474	0091	0128		0414	0143	0190	0228	0291	0337	0350	0346	0205	0168	
	刀部	初	0475				0415		0191	0229	0292	0338	0351	0347		0169	
	刀部	則	0476	0092			0416	0144	0192	0230	0293	0339	0352	0348			
	刀部	剛	0477							0231	0294						
	刀部	切					0417				0295						
	刀部	刌									0296						
	刀部	刻	0478				0418			0232	0297			0349			
	刀部	副					0419			0233		0340	0353				
	刀部	辨	0479			0123	0420				0298	0341	0354	0350			
	刀部	列	0480				0421			0234	0299	0342	0355	0351			0186
	刀部	刊	0481														
	刀部	割	0482								0300						
	刀部	剽	0483											0352			
	刀部	封									0301						
		刼									0301						
	刀部	刖	0484														
	刀部	制				0124	0422					0343	0356	0353			0187
	刀部	罰	0485				0423	0145		0235		0344	0357	0354			
	刀部	劓	0486														
	刀部	劓					0424重										
	刀部	刑								0236							
	刀部	券	0487				0425					0345	0358	0355	0206		
	刀部	刺	0488				0426		0193	0237	0302	0346	0359	0356		0170	
		刾								0237			0359				
		刺									0302	0346	0359			0170	
		刺										0346		0356			

第四		刉											0359				
		刲										0346	0359				
		㓇														0170	
	刀部	剋				0125											
	刀部	㓵									0303						
	刀部	𠜾					0427										
	刀部	剶			0129												
	刀部	剩												0357			
	刃部	刃	0489				0428			0238				0358	0207		
	刃部	創								0239重	0304重					0171重	
	刃部	劒										0347	0360		0208		
	刃部	劍	0490重				0429重			0240重							
	刃部	㓞						0146									
	耒部	耒						0147									
	耒部	耕							0194						0209		
	耒部	耦	0491														
	耒部	耤	0492					0148						0359			
	角部	角	0493		0130			0149			0305			0360	0210		0188
	角部	觻										0348	0361				
	角部	觸					0430				0306	0349					
	角部	衡	0494							0241	0307	0350		0361			
		𧗸									0307	0350		0361			
	角部	解	0495		0131		0431		0195	0242	0308	0351	0362	0362	0211	0172	0189
	角部	觿			0132												
	角部	觶									0309						
	角部	䚘									0310重						
	角部	觴												0363			
	角部	觚									0311	0352					
	角部	觷	0496														
	角部	觙									0312						
第五	竹部	竹	0497				0432	0150		0243	0313		0363				

卷數	部名	被檢字	（一）睡虎地秦簡	（二）放馬灘秦簡	（三）周家臺秦簡	（四）龍崗秦簡	（五）張家山漢簡	（六）鳳凰山漢簡	（七）孔家坡漢簡	（八）尹灣漢簡	（九）武威漢簡	（十）居延漢簡	（十一）居延新簡	（十二）敦煌漢簡	（十三）額濟納漢簡	（十四）武威醫簡	（十五）東牌樓漢簡
第五	竹部	箭										0353					
	竹部	簜									0314						
	竹部	筍						0151									
	竹部	節	0498			0126	0433			0244		0354		0364			0190
	竹部	篇											0364				
	竹部	籍	0499				0434					0355	0365	0365	0212		
	竹部	籥	0500				0435										
	竹部	簡	0501				0436										
	竹部	等	0502			0127	0437	0152	0196		0315	0356	0366	0366	0213	0173	0191
		⿱艹寺						0152									
	竹部	笵					0438										
	竹部	符	0503			0128	0439	0153			0316	0357	0367	0367			
		苻						0153									
	竹部	筮	0504								0317						
	竹部	笄				0129	0440				0318						
	竹部	笥					0441	0154			0319	0358	0368				0192
		⿱艹司						0154									
	竹部	簞						0155									
	竹部	箸					0442	0156									
	竹部	笿						0157									
		⿱竹洛						0157									
	竹部	籫												0368			
	竹部	⿱竹昜						0158									
		⿱竹傷						0158									
	竹部	筩					0443	0159									
	竹部	竿									0320						
	竹部	箇					0444										
	竹部	互					0445重										

第五	竹部	簦					0446										
	竹部	策												0369			
	竹部	箠	0505														
	竹部	笞					0447									0174	
		苔														0174	
	竹部	箴	0506										0369			0175	
	竹部	竽						0160									
	竹部	笙									0321						
	竹部	簧								0245							
	竹部	簫									0322						
	竹部	管					0448			0246	0323						
	竹部	筑	0507														
	竹部	籌										0359					
	竹部	筭					0449	0161			0324		0370				
		荓						0161									
	竹部	算						0162				0360	0371				
	竹部	第								0247	0325	0361	0372	0370	0214		
	竹部	答															0193
	竹部	筴															0194
		笑															0194
	竹部	等					0450										
	竹部	篧						0163									
	竹部	簬					0451										
	竹部	簪									0326						
	竹部	簿					0452			0248		0362	0373	0371	0215		0195
	竹部	籥						0164									
	竹部	䉶						0165									
	箕部	箕	0508		0133				0197			0363			0216		
	箕部	其	0509重	0093重	0134重	0130重	0453重	0166重	0198重	0249重	0327重	0364重	0374重	0372重	0217重	0176重	0196重
	丌部	丌	0510				0454								0218		
		亓	0510				0454										

卷數	部名	被檢字	（一）睡虎地秦簡	（二）放馬灘秦簡	（三）周家臺秦簡	（四）龍崗秦簡	（五）張家山漢簡	（六）鳳凰山漢簡	（七）孔家坡漢簡	（八）尹灣漢簡	（九）武威漢簡	（十）居延漢簡	（十一）居延新簡	（十二）敦煌漢簡	（十三）額濟納漢簡	（十四）武威醫簡	（十五）東牌樓漢簡
第五	丌部	典	0511			0131	0455						0375		0219		0197
	丌部	畀	0512				0456										0198
	左部	左	0513		0135	0132	0457		0199	0250	0328	0365	0376	0373	0220	0177	0199
	左部	差											0377				0200
	工部	工	0514				0458				0329	0366		0374			
	工部	式	0515	0094			0459			0251				0375			0201
	工部	巧	0516				0460						0378				
	工部	巨	0517			0133	0461			0252		0367	0379	0376			
	巫部	巫	0518	0095			0462		0200								
	甘部	甘						0167	0201			0368	0380	0377		0178	
	甘部	甚	0519	0096			0463		0202	0253		0369	0381	0378	0221	0179	0202
	曰部	曰	0520	0097	0136		0464		0203	0254	0330	0370	0382	0379	0222	0180	0203
	曰部	曷						0168			0331		0383		0223		
	曰部	朁									0332			0380			
	曰部	沓								0255				0381			
	曰部	曹	0521							0256	0333	0371	0384	0382	0224		0204
		曺									0333	0371		0382			0204
	乃部	乃	0522	0098	0137		0465		0204		0334	0372	0385	0383	0225	0181	0205
	乃部	迺	0523				0466					0373	0386				
	丂部	寧	0524				0467		0205	0257		0374	0387	0384	0226		0206
	可部	可	0525	0099	0138		0468	0169	0206	0258	0335	0375	0388	0385	0227	0182	0207
	可部	奇	0526				0469	0170			0336	0376	0389	0386			
		竒					0469				0336	0376	0389	0386			
	可部	哥	0527														
	兮部	兮												0387			
	兮部	乎								0259	0337	0377	0390	0388			0208
	号部	號	0528												0228		
	亏部	亏	0529	0100		0134	0470	0171		0260	0338	0378	0391				0209

第五		亏										0378	0391				
		于	0529	0100		0134	0470	0171		0260	0338	0378	0391				0209
	亏部	虧															0210
	亏部	平	0530	0101	0139	0135	0471	0172	0207	0261		0379	0392	0389	0229	0183	0211
	旨部	旨	0531														
	旨部	嘗	0532				0472		0208		0339		0393				
	喜部	喜	0533	0102			0473	0173		0262		0380	0394				0212
	喜部	憙	0534				0474			0263		0381		0390			0213
		憙	0534														
	壴部	尌	0535						0209								
	壴部	彭					0475			0264		0382		0391	0230		
	壴部	嘉			0140		0476				0340	0383	0395	0392			0214
	鼓部	鼓	0536							0265	0341	0384	0396		0231	0184	
	豈部	豈	0537							0266				0393			
	豆部	豆	0538					0174			0342	0385				0185	
	豆部	梪									0343						
	豆部	豍						0175									
	豐部	豐								0267	0344	0386	0397	0394	0232		
	虍部	虞					0477	0176		0268	0345	0387					
	虍部	虖					0478										
	虎部	虎	0539				0479		0210					0395	0233		
	虎部	虒	0540														
	皿部	盂					0480	0177									
	皿部	盛			0141		0481	0178	0211		0346	0388				0186	
	皿部	盇									0347重						
	皿部	盧					0482	0179			0348	0389	0398	0396	0234		
	皿部	盎	0541					0180									
	皿部	盆										0390					
	皿部	醯	0542											0397		0187	
		醯														0187	
		溢														0187	

卷數	部名	被檢字	（一）睡虎地秦簡	（二）放馬灘秦簡	（三）周家臺秦簡	（四）龍崗秦簡	（五）張家山漢簡	（六）鳳凰山漢簡	（七）孔家坡漢簡	（八）尹灣漢簡	（九）武威漢簡	（十）居延漢簡	（十一）居延新簡	（十二）敦煌漢簡	（十三）額濟納漢簡	（十四）武威醫簡	（十五）東牌樓漢簡
第五	皿部	益	0543	0103	0142		0483	0181	0212			0391	0399	0398		0188	0215
	皿部	盈	0544	0104		0136	0484		0213			0392					
	皿部	盡	0545			0137	0485		0214	0269	0349	0393	0400	0399	0235	0189	0216
	皿部	盥									0350						
	去部	去	0546	0105	0143	0138	0486		0215	0270	0351	0394	0401	0400	0236	0190	0217
	血部	血	0547		0144		0487		0216					0401	0237	0191	
	血部	衄														0192	
	血部	膿														0193重	
	血部	卹	0548														
	血部	盇	0549														
		盍	0549														
	丶部	主	0550	0106	0145	0139	0488	0182	0217	0271	0352	0395	0402	0402	0238		0218
	丶部	音	0551														
	丹部	丹	0552	0107							0353	0396	0403			0194	
	青部	青	0553	0108	0146		0489	0183	0218	0272		0397	0404	0403		0195	
	青部	静	0554										0405				
	井部	井	0555	0109	0147		0490		0219		0354	0398	0406	0404	0239		
	井部	穽	0556重			0140重	0491重										
		[宀+井]					0491重										
	井部	荆	0557				0492		0220		0355	0399	0407	0405			
	皀部	即	0558		0148	0141	0493	0184			0356	0400	0408	0406	0240	0196	
	皀部	既	0559								0357						0219
	鬯部	爵	0560				0494		0221		0358	0401	0409	0407			
	食部	食	0561	0110	0149	0142	0495	0185	0222	0273	0359	0402	0410	0408	0241	0197	0220
	食部	餳											0411				
		餳											0411				
	食部	餅												0409			
	食部	饌								0360重							

第五	食部	養	0562				0496	0186			0361	0403	0412			0198	
	食部	飯	0563				0497				0362	0404		0410		0199	
	食部	飤	0564														
	食部	餳														0200重	
	食部	餔	0565		0150					0274		0405	0413			0201	
	食部	湌												0411重	0242重		
	食部	饗									0363						
	食部	飽					0498				0364						
	食部	饒					0499			0275							
	食部	餘	0566				0500			0276	0365	0406	0414	0412	0243	0202	0221
	食部	⿰飠尼	0567														
	食部	飢	0568				0501		0223					0413			
	食部	餓	0569										0415	0414			
	食部	餽	0570				0502				0366						
	食部	⿰飠巳									0367						
	食部	餺									0368						
	食部	⿰飠菐									0369						
	食部	⿰飠義									0370						
	食部	⿰飠選									0371						
	亼部	合	0571	0111	0151	0143	0503	0187	0224	0277	0372	0407	0416	0415	0244	0203	0222
	亼部	僉				0144											
	亼部	侖												0416			
	亼部	今	0572	0112	0152		0504	0188	0225	0278		0408	0417	0417	0245		0223
	亼部	舍	0573	0113	0153	0145	0505	0189		0279	0373	0409	0418	0418	0246	0204	0224
	會部	會	0574				0506	0190	0226		0374	0410	0419	0419	0247		0225
	倉部	倉	0575				0507		0227			0411	0420	0420	0248		0226
	入部	入	0576	0114	0154	0146	0508	0191	0228	0280	0375	0412	0421	0421	0249	0205	0227
	入部	内	0577				0509		0229	0281	0376	0413	0422	0422	0250	0206	0228
	入部	糴												0423			
	入部	全	0578重						0230重	0282重			0423重	0424重			
	缶部	缶						0192									

卷數	部名	被檢字	（一）睡虎地秦簡	（二）放馬灘秦簡	（三）周家臺秦簡	（四）龍崗秦簡	（五）張家山漢簡	（六）鳳凰山漢簡	（七）孔家坡漢簡	（八）尹灣漢簡	（九）武威漢簡	（十）居延漢簡	（十一）居延新簡	（十二）敦煌漢簡	（十三）額濟納漢簡	（十四）武威醫簡	（十五）東牌樓漢簡
第五	缶部	罌						0193									
	缶部	瓶						0194重									
	缶部	罏			0155			0195									
		甗			0155			0195									
	缶部	䍃	0579				0510										
	缶部	缺					0511					0414	0424	0425	0251		
	缶部	缿	0580				0512										
	缶部	罄												0426			
	矢部	矢	0581	0115	0156	0147	0513			0283	0377	0415	0425	0427	0252	0207	0229
	矢部	射	0582重			0148重		0196重	0231重	0284	0378重	0416重	0426重	0428重	0253重	0208重	
	矢部	矯	0583														
	矢部	矰	0584				0514										
	矢部	矦	0585				0515		0232	0285	0379	0417	0427			0209	
	矢部	短	0586				0516	0197	0233		0380	0418					
	矢部	知	0587							0286	0381	0419	0428	0429	0254	0210	0230
	矢部	矣	0588				0517		0234	0287	0382	0420	0429			0211	
	高部	高	0589		0157		0518		0235	0288		0421	0430	0430	0255	0212	
	高部	亭	0590				0519			0289		0422	0431	0431	0256	0213	0231
	高部	亳	0591														
	冂部	市	0592		0158		0520	0198	0236	0290	0383	0423	0432	0432	0257		
	冂部	央	0593	0116			0521		0237	0291		0424	0433			0214	
	京部	京								0292		0425	0434		0258		
		京										0425	0434		0258		
	京部	就	0594				0522			0293	0384	0426	0435	0433			
	亯部	享	0595重				0523重				0385重						
	㫗部	厚					0524			0294		0427	0436		0259	0215	
	畐部	畐	0596														
	畐部	良	0597		0159		0525	0199	0238	0295		0428	0437	0434	0260	0216	

第五	㐭部	廩								0296重	0386重	0429重	0438重		0261重		
		廪									0386重				0261重		
	㐭部	稟	0598				0526	0200					0439	0435			
	嗇部	嗇	0599			0149	0527		0239	0297	0387	0430	0440	0436			
	嗇部	𤲞		0117重													
	嗇部	牆	0600														
	來部	來	0601		0160	0150	0528	0201	0240	0298	0388	0431	0441	0437	0262		0232
	麥部	麥	0602	0118			0529		0241			0432	0442	0438		0217	
		麦							0241								
	麥部	𪌭	0603														
	麥部	麴														0218	
	夊部	致	0604			0151	0530				0389	0433	0443	0439	0263		0233
	夊部	憂	0605		0161		0531		0242	0299		0434		0440			
	夊部	愛	0606										0444	0441			
	夊部	夏	0607				0532	0202	0243	0300	0390	0435	0445	0442		0219	
	舛部	舞									0391						
	舜部	舜												0443			
	韋部	韋	0608				0533		0244	0301			0446	0444	0264		
	韋部	韎						0203									
	韋部	韓	0609							0302				0445			
		韓	0609														
	韋部	𩏂						0204									
	弟部	弟	0610		0162		0534		0245	0303	0392	0436	0447	0446	0265		0234
	久部	久	0611	0119			0535		0246	0304		0437	0448	0447	0266	0220	0235
	桀部	桀	0612						0247					0448			
	桀部	磔	0613				0536										
	桀部	乘	0614		0163	0152	0537	0205	0248		0393	0438	0449	0449	0267		
第六	木部	木	0615	0120	0164		0538	0206	0249	0305	0394	0439	0450		0268	0221	
	木部	梨												0450			
	木部	梅						0207									
		栂						0207									

卷數	部名	被檢字	（一）睡虎地秦簡	（二）放馬灘秦簡	（三）周家臺秦簡	（四）龍崗秦簡	（五）張家山漢簡	（六）鳳凰山漢簡	（七）孔家坡漢簡	（八）尹灣漢簡	（九）武威漢簡	（十）居延漢簡	（十一）居延新簡	（十二）敦煌漢簡	（十三）額濟納漢簡	（十四）武威醫簡	（十五）東牌樓漢簡
第六	木部	楪															0236重
	木部	柰												0451			
	木部	李	0616					0208		0306		0440	0451	0452	0269		0237
	木部	桃	0617								0395		0452			0222	
	木部	桂								0307		0441		0453		0223	
	木部	棠												0454			
	木部	杜					0539	0209		0308		0442	0453	0455		0224	
		杜												0455		0224	
	木部	楢				0153											
	木部	梓											0454				
	木部	柀	0618						0250								
	木部	榟									0396重						
	木部	棫				0154					0397						
	木部	椐									0398						
	木部	枇						0210			0399						
	木部	桔	0619													0225	
	木部	柞				0155											
		柞				0155											
	木部	樲									0400						
		樲									0400						
	木部	樸											0455				
	木部	榫									0401						
	木部	枸	0620														
	木部	枋	0621								0402						
	木部	楊					0540	0211		0309		0443		0456	0270		
	木部	柳	0622		0165		0541					0444					
	木部	枳	0623				0542										
	木部	權	0624				0543										

第六	木部	柜								0310							
	木部	槐											0456	0457			
	木部	楮	0625														
	木部	櫟	0626														
	木部	梧								0311	0403					0226	
	木部	桊	0627							0312	0404		0457	0458		0227	0238
	木部	桐	0628								0405	0445	0458				0239
	木部	橎				0156											
	木部	榆	0629											0459			
	木部	梗	0630									0446			0271	0228	
	木部	樵															0240
	木部	松											0459				0241
	木部	柏	0631						0251							0229	
	木部	机					0544										
	木部	某	0632	0121	0166		0545	0212			0406	0447					
	木部	樹			0167		0546	0213		0313			0460				
	木部	本	0633		0168		0547				0407	0448	0461	0460		0230	0242
	木部	柢	0634														
	木部	朱	0635				0548	0214		0314		0449	0462	0461	0272	0231	
	木部	根	0636						0252			0450	0463	0462		0232	
	木部	末	0637		0169		0549		0253		0408						
	木部	果	0638						0254		0409					0233	0243
	木部	朴													0273	0234	
	木部	條									0410	0451	0464				
		絛									0410						
	木部	枚					0550	0215		0315		0452	0465		0274	0235	0244
	木部	槙												0463			
	木部	梃	0639														
	木部	柖	0640														
	木部	榣	0641				0551										
	木部	樛												0464			

卷數	部名	被檢字	（一）睡虎地秦簡	（二）放馬灘秦簡	（三）周家臺秦簡	（四）龍崗秦簡	（五）張家山漢簡	（六）鳳凰山漢簡	（七）孔家坡漢簡	（八）尹灣漢簡	（九）武威漢簡	（十）居延漢簡	（十一）居延新簡	（十二）敦煌漢簡	（十三）額濟納漢簡	（十四）武威醫簡	（十五）東牌樓漢簡
第六	木部	杠					0552								0275		
	木部	枎											0466				
	木部	杕	0642														
	木部	格					0553			0316			0467				
	木部	枯	0643								0411			0465		0236	
	木部	槀										0453					
		槁										0453					
	木部	楨												0466			
	木部	柔	0644							0317	0412						
	木部	材	0645				0554			0318		0454					
	木部	杲															0245
	木部	栽	0646														
	木部	築	0647	0122					0255		0413				0276		
		篫							0255								
	木部	榦	0648														
	木部	極					0555			0319	0414			0467			0246
	木部	柱					0556		0256		0415	0455	0468	0468		0237	
	木部	楹									0416						
		楹									0416						
	木部	枅					0557				0417						
	木部	椽										0456					
	木部	梠										0457					
	木部	植															0247
	木部	樓	0649										0469	0469		0238	
		桴														0238	
	木部	槍	0650										0470				
	木部	棟								0320							
	木部	杇						0216		0321							

第六		杅						0216		0321							
	木部	相						0217			0418						
	木部	桓										0458		0470	0277		
	木部	橦					0558										
	木部	牀	0651													0239	
	木部	枕									0419						
	木部	櫝	0652			0157	0559	0218				0459	0471				
	木部	枱									0420						
	木部	枱	0653														
	木部	櫌			0170												
	木部	杵	0654														
	木部	柶									0421						
	木部	桮	0655		0171		0560	0219				0460	0472			0240	
		杯			0171		0560	0219				0460					
	木部	槃						0220									
	木部	案	0656				0561	0221				0461	0473	0471			0248
	木部	枓										0462					
	木部	杓	0657	0123													
	木部	椑	0658														
	木部	榼						0222									
		[illegible]						0222									
	木部	暴	0659														
	木部	機				0158	0562										
	木部	杼						0223									
	木部	椯	0660														
	木部	杖						0224		0322	0422	0463					
	木部	棓					0563										
	木部	椎	0661									0464	0474	0472		0241	
	木部	柯						0225					0475				
	木部	柄	0662								0423		0476				
	木部	桰						0226									

卷數	部名	被檢字	（一）睡虎地秦簡	（二）放馬灘秦簡	（三）周家臺秦簡	（四）龍崗秦簡	（五）張家山漢簡	（六）鳳凰山漢簡	（七）孔家坡漢簡	（八）尹灣漢簡	（九）武威漢簡	（十）居延漢簡	（十一）居延新簡	（十二）敦煌漢簡	（十三）額濟納漢簡	（十四）武威醫簡	（十五）東牌樓漢簡
第六	木部	㞙	0663														
	木部	榜											0477				
	木部	⿰木敬											0478		0278		
		檠											0478		0278		
	木部	棱	0664									0465					
	木部	臬					0564										
	木部	樂	0665				0565	0227	0257		0424	0466	0479	0473	0279	0242	0249
	木部	柎					0566			0323							
	木部	枹					0567			0324							
	木部	柷						0228									
	木部	槧										0467					
	木部	札	0666									0468	0480	0474	0280		
	木部	檢						0229		0325			0481	0475			
	木部	檄										0469	0482	0476	0281		0250
	木部	棨							0258								
	木部	欙	0667														
	木部	榷												0477			
	木部	橋	0668			0159	0568										0251
	木部	梁					0569			0326		0470	0483	0478	0282	0243	
	木部	梭						0230									
		⿰木叟						0230									
	木部	校	0669				0570						0484	0479			0252
	木部	采	0670				0571	0231		0327	0425	0471				0244	
		采								0327							
	木部	横								0328	0426	0472		0480	0283	0245	
	木部	柧									0427						
	木部	檮												0481	0284		
	木部	析	0671				0572				0428						

第六	木部	楄									0429						
	木部	楅									0430						
	木部	枼	0672									0473					
	木部	休					0573			0329	0431	0474	0485	0482			0253
	木部	亙								0330重							
	木部	械											0486				
	木部	檻											0487				
	木部	柙						0232			0432						
	木部	棺				0160	0574	0233		0331					0285		
	木部	槽					0575					0475					
		橐					0575										
		蕖										0475					
	木部	楬			0172												
	木部	梔						0234新									
	木部	櫂												0483新			
	木部	杙						0235			0433						
	木部	杝															0254
	木部	杞						0236									
	木部	板								0332			0488				
	木部	臬	0673														
	木部	柁	0674														
	木部	桁											0489				
	木部	梌	0675														
	木部	椆						0237									
	木部	梈									0434						
	木部	槃									0435						
	木部	楪												0484			
	木部	樹											0490				
	木部	椵												0485			
	木部	椎					0576										
	木部	櫝						0238									

卷數	部名	被檢字	（一）睡虎地秦簡	（二）放馬灘秦簡	（三）周家臺秦簡	（四）龍崗秦簡	（五）張家山漢簡	（六）鳳凰山漢簡	（七）孔家坡漢簡	（八）尹灣漢簡	（九）武威漢簡	（十）居延漢簡	（十一）居延新簡	（十二）敦煌漢簡	（十三）額濟納漢簡	（十四）武威醫簡	（十五）東牌樓漢簡
第六	木部	樽	0676														
	木部	櫜													0286		
	木部	[illegible]											0491				
	木部	櫆												0486			
	木部	欋								0333							
	東部	東	0677	0124	0173		0577		0259	0334	0436	0476	0492		0287	0246	0255
	林部	林	0678	0125			0578			0335			0493			0247	
	林部	鬱	0679														
	林部	楚	0680				0579			0336							
	才部	才	0681														0256
	叒部	桑	0682	0126			0580		0260							0248	
	叒部	椒														0249	
	之部	之	0683	0127	0174	0161	0581	0239	0261	0337	0437	0477	0494	0487	0288	0250	0257
	帀部	帀	0684														
	帀部	師	0685				0582			0338	0438			0488			
		阫									0438						
	出部	出	0686	0128	0175	0162	0583	0240	0262		0439	0478	0495	0489	0289	0251	0258
	出部	賣					0584		0263	0339		0479	0496	0490			
	𣎵部	索	0687			0163		0241		0340	0440	0480	0497		0290	0252	
	𣎵部	南	0688	0129	0176	0164	0585		0264	0341	0441	0481	0498	0491	0291		0259
	生部	生	0689	0130	0177		0586	0242	0265	0342	0442	0482	0499	0492	0292	0253	
	生部	產	0690		0178	0165	0587		0266	0343		0483	0500				0260
	生部	隆								0344			0501				
	生部	甡	0691														
	乇部	乇					0588										
	華部	華	0692										0502		0293		
	稽部	稽	0693								0443		0503				
	桼部	桼										0484	0504	0493	0294		

第六	桼部	髤	0694					0243								
		[illegible]	0694					0243							
		[illegible]	0694												
	束部	束	0695				0589	0244		0345	0444	0485	0505	0494	0295	0254	0261
	㯻部	橐	0696		0179		0590	0245		0346		0486	0506	0495	0296	0255	
		[illegible]														0255	
	㯻部	囊	0697					0246									
	囗部	圜					0591				0445						
	囗部	回	0698				0592			0347		0487	0507	0496			0262
	囗部	圖	0699						0267								
	囗部	國					0593	0247	0268	0348	0446	0488	0508	0497	0297		
	囗部	囷	0700	0131	0180		0594	0248	0269								
	囗部	圈	0701														
	囗部	囿	0702														
		[illegible]	0702														
	囗部	園	0703				0595	0249				0489					
	囗部	因	0704	0132	0181		0596	0250		0349	0447	0490	0509	0498			0263
	囗部	囚	0705		0182		0597					0491	0510	0499			
	囗部	固	0706				0598	0251		0350	0448	0492	0511	0500			
	囗部	圍	0707						0270	0351		0493	0512				
	囗部	困	0708				0599						0513	0501	0298		
	囗部	圂	0709						0271								
	囗部	囮	0710														
	員部	員	0711				0600		0272	0352	0449	0494	0514	0502			0264
	貝部	貝	0712					0252				0495	0515				
	貝部	財			0183	0166	0601		0273		0450	0496	0516		0299		
	貝部	貨	0713		0184				0274		0451	0497					
	貝部	資	0714				0602		0275		0452		0517				
	貝部	賢	0715				0603	0253	0276	0353	0453	0498	0518	0503			
	貝部	賁	0716								0454					0256	
		[illegible]														0256	

卷數	部名	被檢字	（一）睡虎地秦簡	（二）放馬灘秦簡	（三）周家臺秦簡	（四）龍崗秦簡	（五）張家山漢簡	（六）鳳凰山漢簡	（七）孔家坡漢簡	（八）尹灣漢簡	（九）武威漢簡	（十）居延漢簡	（十一）居延新簡	（十二）敦煌漢簡	（十三）額濟納漢簡	（十四）武威醫簡	（十五）東牌樓漢簡
第六	貝部	賀	0717						0277	0354		0499	0519	0504			0265
	貝部	貢											0520				
	貝部	贊									0455						
	貝部	齎	0718				0604					0500	0521	0505			
	貝部	貸					0605	0254		0355				0506		0257	0266
		僐														0257	
	貝部	貣	0719														
	貝部	賸	0720														
	貝部	贛											0522	0507	0300		
	貝部	賞	0721		0185	0167	0606			0356		0501	0523	0508	0301		0267
	貝部	賜	0722		0186	0168	0607	0255			0456	0502	0524	0509			0268
	貝部	贏	0723				0608				0457						
	貝部	賴	0724														
	貝部	負	0725				0609	0256			0458	0503	0525	0510	0302		
	貝部	貳	0726								0459						
	貝部	賓					0610			0357	0460		0526	0511	0303		
	貝部	貰	0727									0504					
	貝部	贅	0728				0611						0527				
	貝部	質	0729			0169	0612			0358							
	貝部	貿	0730				0613										
	貝部	贖	0731			0170	0614										
	貝部	費	0732					0257		0359			0528				
	貝部	責	0733				0615	0258	0278			0505	0529	0512	0304		0269
	貝部	賈	0734	0133		0171	0616	0259				0506	0530	0513	0305		0270
	貝部	販				0172	0617		0279		0461		0531				
	貝部	買	0735		0187	0173	0618	0260				0507	0532	0514	0306		
	貝部	賤	0736						0280		0462			0515			0271
	貝部	賦	0737				0619					0508	0533	0516			0272

第六	貝部	貪					0620			0360		0509					
	貝部	貶								0361							
	貝部	貧	0738				0621		0281				0534	0517			
	貝部	賃	0739														
	貝部	賕					0622										
	貝部	購	0740			0174	0623						0535	0518			
	貝部	貲	0741			0175			0282								
	貝部	賨					0624										
	貝部	貴	0742		0188		0625		0283	0362	0463	0510	0536	0519			0273
	貝部	[illegible]	0743														
	貝部	賣	0744														
	貝部	[illegible]	0745														
	邑部	邑	0746		0189	0176	0626		0284	0363	0464	0511	0537	0520	0307		0274
	邑部	邦	0747														
	邑部	郡	0748			0177	0627	0261		0364		0512	0538	0521			
		邮										0512					
	邑部	都	0749				0628	0262	0285	0365	0465	0513	0539	0522	0308		
	邑部	鄰	0750														
	邑部	鄙	0751							0366							
	邑部	邸								0367			0540				
	邑部	郵	0752				0629			0368		0514	0541				0275
	邑部	鄣												0523			
	邑部	竆	0753		0190		0630		0286							0258	
		[illegible]	0753		0190		0630		0286								
		[illegible]			0190		0630										
	邑部	邠												0524			
	邑部	扈										0515					
	邑部	郝										0516					
	邑部	酆									0466						
	邑部	鄭	0754				0631	0263	0287	0369	0467	0517	0542		0309		
	邑部	邽					0632										

卷數	部名	被檢字	（一）睡虎地秦簡	（二）放馬灘秦簡	（三）周家臺秦簡	（四）龍崗秦簡	（五）張家山漢簡	（六）鳳凰山漢簡	（七）孔家坡漢簡	（八）尹灣漢簡	（九）武威漢簡	（十）居延漢簡	（十一）居延新簡	（十二）敦煌漢簡	（十三）額濟納漢簡	（十四）武威醫簡	（十五）東牌樓漢簡
第六	邑部	部	0755			0178	0633					0518	0543	0525	0310		0276
	邑部	邵															0277
	邑部	鄗												0526			
	邑部	鄴										0519					
	邑部	邯					0634					0520	0544				
	邑部	鄲					0635										
	邑部	郅										0521	0545		0311		
	邑部	郾								0370							
	邑部	郟												0527			
	邑部	鄧	0756				0636	0264				0522	0546	0528			0278
	邑部	鄖	0757					0265						0529			
	邑部	鄢	0758														
	邑部	郥						0266									
	邑部	邛					0637	0267		0371							
	邑部	鄒										0523					
	邑部	郎					0638			0372			0547				0279
	邑部	邳								0373							0280
		祁								0373							
	邑部	鄣					0639					0524	0548	0530			
	邑部	郯								0374							
	邑部	邪	0759						0288	0375			0549	0531			
		耶											0549	0531			
	邑部	郭	0760					0268	0289			0525	0550	0532	0312		
	邑部	郇												0533			
	邑部	郄	0761														
	邑部	郥	0762														
	邑部	鄽	0763														
	𨛜部	鄉	0764			0179	0640	0269	0290	0376	0468	0526	0551	0534	0313		0281

第六	䣊部	巷	0765重				0641重		0291重					0535重			
		巷	0765重				0641重		0291重					0535重			
第七	日部	日	0766	0134	0191	0180	0642	0270	0292	0377	0469	0527	0552	0536	0314	0259	0282
	日部	時	0767	0135	0192	0181	0643	0271	0293	0378	0470	0528	0553	0537	0315	0260	0283
		时								0378		0528	0553	0537	0315	0260	0283
	日部	早	0768					0272		0379		0529	0554	0538		0261	
	日部	昧					0644					0530	0555	0539	0316		
	日部	昭	0769				0645					0531	0556	0540			0284
	日部	曠											0557				
	日部	晉			0193						0471		0558				
	日部	昫					0646										
	日部	晏	0770						0294			0532	0559	0541	0317		
	日部	景										0533					0285
	日部	晚								0380							
	日部	昏	0771	0136	0194		0647		0295			0534	0560	0542		0262	0286
		昬	0771	0136	0194				0295			0534	0560	0542			
		昬					0647									0262	
	日部	晦	0772						0296	0381		0535	0561	0543		0263	
	日部	旱	0773	0137			0648		0297								0287
	日部	昨									0472	0536	0562		0318		0288
		昨										0536					
	日部	昌	0774				0649		0298	0382	0473	0537	0563	0544	0319	0264	0289
	日部	暑	0775				0650		0299								0290
	日部	暴	0776											0545			
	日部	昔	0777				0651										0291
	日部	腊	0778重							0383重	0474重						
	日部	昆			0195			0273		0384	0475	0538	0564	0546			
	日部	普										0539	0565	0547	0320		
	日部	曉															0292
	日部	昂												0548新			
	日部	晋	0779														

卷數	部名	被檢字	（一）睡虎地秦簡	（二）放馬灘秦簡	（三）周家臺秦簡	（四）龍崗秦簡	（五）張家山漢簡	（六）鳳凰山漢簡	（七）孔家坡漢簡	（八）尹灣漢簡	（九）武威漢簡	（十）居延漢簡	（十一）居延新簡	（十二）敦煌漢簡	（十三）額濟納漢簡	（十四）武威醫簡	（十五）東牌樓漢簡
第七	旦部	旦	0780	0138	0196	0182	0652		0300	0385	0476	0540	0566	0549	0321	0265	0293
	倝部	榦	0781		0197		0653			0386	0477						
		朝	0781		0197		0653			0386	0477						
	㫃部	旗					0654										
	㫃部	旞	0782														
	㫃部	旃												0550			
	㫃部	施	0783				0655		0301		0478	0541	0567				
	㫃部	游	0784				0656				0479	0542	0568	0551			
	㫃部	旋	0785				0657										
	㫃部	旄	0786														
	㫃部	旅	0787		0198						0480						
	㫃部	族					0658		0302		0481						
	晶部	星	0788重	0139重	0199重		0659重		0303重					0552重			
	晶部	曑	0789重	0140重	0200重	0183重	0660重		0304重		0482重	0543重	0569重	0553重		0266重	
	晶部	曟	0790重	0141重													
	晶部	曡											0570				
		疉											0570				
		疊											0570				
	月部	月	0791	0142	0201	0184	0661	0274	0305	0387	0483	0544	0571	0554	0322	0267	0294
	月部	朔	0792		0202		0662	0275	0306	0388	0484	0545	0572	0555	0323	0268	0295
	月部	霸										0546		0556			
	月部	期	0793	0143	0203		0663	0276		0389	0485	0547		0557			
	有部	有	0794	0144	0204	0185	0664	0277	0307	0390	0486	0548	0573	0558	0324	0269	0296
	朙部	朙	0795		0205		0665		0308	0391	0487	0549	0574	0559	0325		0297
		明	0795		0205		0665		0308	0391	0487	0549	0574	0559	0325		0297
	朙部	明											0575重				
	囧部	盟	0796重														
	夕部	夕	0797	0145	0206		0666		0309	0392	0488		0576	0560			0298

第七	夕部	夜	0798	0146	0207		0667		0310	0393	0489	0550	0577	0561		0270	
	夕部	夢	0799			0186											
	夕部	外	0800	0147		0187	0668		0311	0394	0490	0551	0578	0562	0326	0271	0299
	夕部	𡖍	0801	0148					0312								
		夙	0801	0148					0312								
	多部	多	0802	0149	0208	0188	0669	0278	0313	0395	0491	0552	0579	0563		0272	0300
	毌部	貫						0279				0553	0580				
	毌部	虜						0280				0554	0581	0564	0327		
	马部	马													0328		
	马部	函										0555	0582	0565			
	马部	甬	0803			0189	0670						0583				
	鹵部	㮚					0671			0396	0492						
		栗					0671			0396	0492						
		粟									0492						
	鹵部	㮚	0804				0672	0281	0314			0556	0584	0566	0329		
		粟					0672	0281	0314			0556	0584	0566	0329		
	齊部	齊	0805				0673	0282	0315	0397	0493	0557			0330		
	朿部	棗	0806				0674				0494					0273	
	朿部	棘	0807							0398	0495						
	片部	版	0808						0316								
	片部	牒	0809				0675	0283				0558	0585	0567	0331		0301
	片部	牖	0810				0676				0496						
	鼎部	鼎									0497						
	禾部	禾	0811	0150	0209		0677		0317			0559		0568			0302
	禾部	秀	0812	0151					0318								
	禾部	稼	0813			0190	0678				0498						
	禾部	穡					0679										
	禾部	穜	0814		0210	0191											
	禾部	稙							0320								
	禾部	種					0680		0319				0586	0569		0274	
	禾部	稺							0321				0587				

卷數	部名	被檢字	（一）睡虎地秦簡	（二）放馬灘秦簡	（三）周家臺秦簡	（四）龍崗秦簡	（五）張家山漢簡	（六）鳳凰山漢簡	（七）孔家坡漢簡	（八）尹灣漢簡	（九）武威漢簡	（十）居延漢簡	（十一）居延新簡	（十二）敦煌漢簡	（十三）額濟納漢簡	（十四）武威醫簡	（十五）東牌樓漢簡
第七	禾部	稠					0681										
	禾部	稀	0815														
	禾部	私	0816			0192	0682				0499	0560	0588	0570	0332		
	禾部	稷	0817				0683		0322		0500		0589				
	禾部	粢						0284重									
		粢						0284重									
	禾部	秫	0818					0285									
	禾部	术					0684重									0275重	
	禾部	稻	0819				0685	0286	0323								
	禾部	秏	0820				0686										
	禾部	穦												0571			
	禾部	稗	0821			0193											
	禾部	移	0822				0687	0287				0561	0590	0572	0333		
	禾部	采	0823														
	禾部	穫	0824														
	禾部	積	0825				0688					0562	0591	0573	0334	0276	
	禾部	秩	0826				0689			0399		0563	0592	0574			
	禾部	康	0827重							0400重		0564重	0593重	0575重			
	禾部	稟	0828		0211		0690	0288	0324			0565	0594	0576	0335		
		稾						0288				0565			0335		
	禾部	年	0829	0152		0194	0691	0289	0325	0401	0501	0566	0595	0577	0336	0277	0303
	禾部	穀	0830					0290	0326		0502	0567	0596	0578	0337		
	禾部	租	0831			0195	0692	0291									0304
	禾部	税			0212	0196	0693										0305
	禾部	稍	0832				0694				0503		0597			0278	
	禾部	秋	0833	0153			0695		0327	0402		0568	0598	0579			
	禾部	秦	0834								0504	0569	0599	0580	0338	0279	
		秦												0580	0338		

第七	禾部	稱	0835						0328		0505			0581			0306
	禾部	科									0506		0600				0307
	禾部	程	0836			0197	0696					0570	0601	0582	0339		
	禾部	秏					0697										
	禾部	秙	0837														
	禾部	秿												0583			
	禾部	穪						0292									
	禾部	稚								0403	0507			0584			
	禾部	稖							0329								
	禾部	稄							0330								
	禾部	[illegible]	0838														
	禾部	[illegible]	0839														
	禾部	積						0293									
	禾部	穤	0840														
	秝部	兼	0841				0698				0508	0571	0602	0585	0340		0308
	黍部	黍	0842		0213		0699		0331		0509	0572	0603	0586			
	黍部	黐	0843														
	米部	米	0844		0214		0700	0294			0510	0573	0604	0587	0341	0280	0309
	米部	粱	0845				0701			0404		0574					
	米部	粲	0846				0702										
	米部	糲	0847				0703	0295									
	米部	精	0848				0704							0588		0281	0310
		粧															0310
	米部	粺	0849				0705	0296						0589			
	米部	糜											0605	0590			
	米部	麴											0606	0591			
		麹											0606	0591			
	米部	糒											0607	0592			
	米部	糗	0850								0511						
		臭									0511						
		糇									0511						

卷數	部名	被檢字	（一）睡虎地秦簡	（二）放馬灘秦簡	（三）周家臺秦簡	（四）龍崗秦簡	（五）張家山漢簡	（六）鳳凰山漢簡	（七）孔家坡漢簡	（八）尹灣漢簡	（九）武威漢簡	（十）居延漢簡	（十一）居延新簡	（十二）敦煌漢簡	（十三）額濟納漢簡	（十四）武威醫簡	（十五）東牌樓漢簡
第七		粿									0511						
	米部	糧												0593			
	米部	糴							0332			0575	0608				
	米部	氣	0851	0154	0215		0706		0333	0405			0609			0282	0311
	米部	粉								0406							
	米部	竊												0594	0342		
	米部	⿰米崔					0707										
	米部	糟									0512						
	米部	糵														0283	
	毇部	糳					0708										
		毇					0708										
	臼部	臼	0852														
	臼部	舂	0853			0198	0709						0610				
	臼部	臿											0611				
	臼部	臽	0854				0710		0334	0407							
	凶部	凶	0855	0155	0216		0711		0335	0408			0612	0595	0343		
	凶部	兇	0856	0156					0336								
	朩部	枲	0857				0712	0297	0337			0576	0613	0596			
	麻部	麻	0858						0338		0513	0577		0597		0284	
	尗部	豉					0713 重										
	耑部	耑							0339								
	韭部	韭	0859						0340		0514	0578					
	瓜部	瓜	0860				0714										
	宀部	家	0861		0217		0715		0341	0409	0515	0579	0614	0598			0312
	宀部	宅	0862				0716			0410		0580	0615	0599			0313
	宀部	室	0863	0157	0218		0717		0342	0411	0516		0616	0600			
	宀部	宣					0718			0412		0581	0617		0344		
	宀部	向								0413							

第七	宀部	宛	0864		0219									0601			0314
	宀部	惌	0865														
	宀部	宇	0866					0298									
	宀部	宏										0582	0618	0602			
	宀部	定	0867	0158			0719	0299	0343			0583	0619	0603	0345		0315
	宀部	寔															0316
	宀部	安	0868				0720	0300		0414	0517	0584	0620	0604	0346	0285	0317
	宀部	宴									0518						
	宀部	察	0869				0721						0621	0605	0347		
	宀部	完	0870			0199	0722	0301	0344			0585	0622	0606	0348		0318
	宀部	富	0871		0220				0345			0586	0623	0607	0349		
	宀部	實	0872		0221	0200	0723	0302	0346		0519	0587	0624	0608		0286	0319
	宀部	宷	0873														
	宀部	容	0874								0520	0588	0625	0609		0287	
	宀部	宂	0875				0724										
	宀部	寶										0589		0610			
	宀部	宭									0521						
	宀部	宦	0876		0222	0201	0725	0303	0347								
	宀部	宰					0726				0522					0288	
	宀部	守	0877			0202	0727	0304		0415		0590	0626	0611	0350		0320
	宀部	寵	0878											0612			
	宀部	宜	0879	0159			0728	0305	0348	0416	0523	0591	0627	0613	0351		0321
	宀部	寫	0880			0203	0729				0524	0592	0628	0614			
	宀部	宵	0881	0160			0730				0525						
		宵									0525						
	宀部	宿	0882		0223					0417	0526	0593	0629	0615	0352	0289	0322
	宀部	寑									0527						
	宀部	寬	0883									0594	0630	0616			
	宀部	寡	0884				0731		0349	0418	0528						
	宀部	客	0885	0161	0224				0350		0529		0631	0617			0323
	宀部	寄	0886					0306			0530	0595	0632				

卷數	部名	被檢字	（一）睡虎地秦簡	（二）放馬灘秦簡	（三）周家臺秦簡	（四）龍崗秦簡	（五）張家山漢簡	（六）鳳凰山漢簡	（七）孔家坡漢簡	（八）尹灣漢簡	（九）武威漢簡	（十）居延漢簡	（十一）居延新簡	（十二）敦煌漢簡	（十三）額濟納漢簡	（十四）武威醫簡	（十五）東牌樓漢簡
第七		寄									0530						
	宀部	寓	0887														
	宀部	寒	0888				0732		0351			0596	0633	0618		0290	
	宀部	害	0889		0225		0733	0307	0352			0597	0634	0619			
	宀部	索	0890				0734										
	宀部	宋	0891					0308		0419		0598	0635	0620			0324
	宀部	宗	0892						0353	0420	0531	0599	0636	0621	0353		0325
	宀部	宸	0893														
	宀部	廂	0894														
	宮部	宮	0895	0162			0735		0354	0421	0532		0637				
	宮部	營	0896				0736		0355	0422				0622			0326
	呂部	呂	0897	0163			0737			0423		0600	0638	0623		0291	
	呂部	躳								0424重					0354重		
	穴部	穴	0898	0164													
	穴部	窯					0738										
	穴部	竈	0899重					0309重									
		竈						0309重									
	穴部	穿	0900		0226	0204	0739		0356							0292	
		穽														0292	
	穴部	寀					0740										
	穴部	竇	0901						0357					0624			
	穴部	空	0902				0741		0358			0601	0639	0625		0293	0327
	穴部	窖	0903														
		窞	0903														
	穴部	窬											0640				
	穴部	窋	0904														
	穴部	窒	0905														
	穴部	突	0906				0742										

卷	部	字															
第七	穴部	究												0626	0355		
	穴部	寠	0907														
	疒部	疾	0908	0165	0227	0205	0743		0359	0425		0602	0641	0627	0356	0294	0328
		庆								0425			0641				
	疒部	痛	0909				0744					0603	0642				
		庯										0603					
	疒部	病	0910	0166	0228		0745	0310	0360	0426	0533	0604	0643	0628	0357	0295	
		房								0426		0604				0295	
		痫														0295	
	疒部	疵	0911						0361					0629			
	疒部	疕	0912				0746							0630			
	疒部	瘀														0296	
	疒部	疝														0297	
		庙														0297	
	疒部	癰	0913				0747										
	疒部	瘍	0914				0748										
		廙					0748										
	疒部	瘧			0229		0749										
	疒部	痔					0750										
		庤					0750										
	疒部	痿														0298	
		逶														0298	
	疒部	痹														0299	
		庳														0299	
	疒部	疻	0915				0751										
	疒部	痏	0916				0752										
	疒部	痍	0917				0753										
	疒部	瘢					0754										
	疒部	痤														0300	
		座														0300	
		㘴														0300	

卷數	部名	被檢字	(一)睡虎地秦簡	(二)放馬灘秦簡	(三)周家臺秦簡	(四)龍崗秦簡	(五)張家山漢簡	(六)鳳凰山漢簡	(七)孔家坡漢簡	(八)尹灣漢簡	(九)武威漢簡	(十)居延漢簡	(十一)居延新簡	(十二)敦煌漢簡	(十三)額濟納漢簡	(十四)武威醫簡	(十五)東牌樓漢簡
第七	疒部	瘦											0644	0631		0301	
		廋											0644	0631		0301	
	疒部	疢			0230		0755										
	疒部	癉					0756										
	疒部	⿸疒夆	0918重				0757重		0362重							0302重	
		⿸广夆							0362重								
	疒部	疫	0919														
	疒部	⿸疒悤					0758										
	疒部	瘉					0759										
		⿸广俞					0759										
	疒部	瘳	0920		0231				0363							0303	
	疒部	癡	0921														
	疒部	痤	0922														
	疒部	⿸疒㑴					0760										
		⿸疒帚					0760										
	疒部	痍						0311									
	疒部	⿸疒枼	0923														
	疒部	⿸疒靡	0924														
	冖部	冠					0761	0312			0534	0605	0645		0358		0329
		⿱宀⿰元寸					0761	0312									
	冖部	冣	0925				0762	0313	0364	0427							
		㝡					0762	0313									
		⿱宀冣	0925														
	冃部	同	0926			0206	0763	0314	0365	0428	0535	0606	0646	0632	0359	0304	0330
	冃部	冒	0927											0633			
	冃部	最	0928						0366	0429		0607	0647				
	㒳部	兩	0929		0232	0207	0764	0315	0367	0430	0536	0608	0648	0634	0360	0305	
		⿵冂甫														0305	

		兡														0305	
	网部	罔	0930重							0431重							
	网部	罪				0208	0765		0368	0432		0609	0649	0635	0361		0331
	网部	羅	0931							0433						0306	0332
	网部	署	0932				0766			0434		0610	0650	0636	0362	0307	0333
	网部	罷	0933				0767						0651	0637			
	网部	置	0934		0233	0209	0768				0537	0611	0652	0638		0308	0334
	网部	詈					0769										
	网部	羈												0639重			
	网部	罬					0770										
	襾部	覆	0935				0771				0538	0612					
	巾部	巾	0936					0316		0435	0539		0653	0640			
	巾部	帥	0937														
	巾部	幣										0613	0654	0641	0363		
		幣													0363		
第七	巾部	幅	0938								0540						
	巾部	帶	0939				0772		0369	0436	0541		0655	0642			
	巾部	幘								0437							
	巾部	常	0940				0773		0370	0438	0542	0614	0656	0643		0309	0335
	巾部	帬	0941							0439							
		帬								0439							
	巾部	褁						0317重									
	巾部	帷					0774	0318									
	巾部	幕					0775				0543						
		幕									0543						
	巾部	幡													0364		
	巾部	幏	0942														
	巾部	帚											0657				
	巾部	席	0943		0234		0776	0319		0440	0544	0615	0658	0644			
	巾部	幡											0659	0645	0365		
	巾部	布	0944		0235		0777	0320	0371	0441	0545	0616	0660	0646	0366		0336

卷數	部名	被檢字	（一）睡虎地秦簡	（二）放馬灘秦簡	（三）周家臺秦簡	（四）龍崗秦簡	（五）張家山漢簡	（六）鳳凰山漢簡	（七）孔家坡漢簡	（八）尹灣漢簡	（九）武威漢簡	（十）居延漢簡	（十一）居延新簡	（十二）敦煌漢簡	（十三）額濟納漢簡	（十四）武威醫簡	（十五）東牌樓漢簡
第七	巾部	希	0945			0210	0778							0647			
		希												0647			
	巾部	帹															0337
		帹															0337
	帛部	帛	0946				0779			0442		0617	0661				
	帛部	錦	0947					0321									
	白部	白	0948	0167	0236		0780	0322	0372	0443	0546	0618	0662	0648	0367	0310	0338
	白部	皙		0168													
	㡀部	敝	0949				0781				0547	0619	0663	0649			
第八	人部	人	0950	0169	0237	0211	0782	0323	0373	0444	0548	0620	0664	0650	0368	0311	0339
	人部	保	0951										0665				
	人部	仁	0952				0783			0445		0621	0666	0651	0369	0312	0340
	人部	企				0212											0341
	人部	仕															0342
	人部	佩	0953				0784										
	人部	儒									0549						
	人部	俊			0238												
	人部	伋											0667	0652	0370		
	人部	伯						0324		0446	0550	0622	0668	0653			0343
	人部	仲						0325		0447		0623	0669	0654	0371	0313	0344
	人部	伊	0954														
	人部	倩										0624	0670	0655			
	人部	儇									0551						
	人部	倓											0671				
	人部	侚											0672				
	人部	佳										0625	0673				
	人部	偉													0372		
	人部	僑	0955														

第八	人部	俟									0552			0656			
	人部	倨	0956														
	人部	伴															0345
	人部	俶									0553						
	人部	仿												0657			
	人部	佗										0626	0674	0658	0373		
	人部	何					0785			0448	0554	0627	0675	0659	0374	0314	0346
	人部	儋					0786	0326			0555	0628					
	人部	儲								0449							
	人部	備	0957				0787	0327			0556	0629	0676	0660			0347
		犕						0327									
	人部	位									0557			0661			
	人部	擯									0558重						
	人部	偕	0958			0213	0788						0677		0375		
	人部	俱					0789					0630	0678				
	人部	併										0631					
	人部	傅	0959		0239		0790	0328		0450			0679			0315	
	人部	倚									0559	0632	0680				
		徛									0559	0632	0680				
	人部	依	0960						0374		0560		0681	0662			
	人部	仍											0682				
	人部	佴					0791										
	人部	侍			0240		0792	0329		0451	0561	0633	0683	0663			0348
	人部	付	0961				0793	0330			0562	0634	0684	0664	0376	0316	0349
	人部	俠									0563	0635				0317	
		侠									0563					0317	
	人部	伍	0962				0794		0375			0636		0665			0350
	人部	什	0963				0795			0452		0637		0666			0351
	人部	佰	0964			0214	0796					0638	0685		0377		
	人部	作	0965	0170		0215	0797	0331	0376	0453	0564	0639	0686	0667	0378	0318	0352
	人部	假				0216	0798			0454	0565						

卷數	部名	被檢字	（一）睡虎地秦簡	（二）放馬灘秦簡	（三）周家臺秦簡	（四）龍崗秦簡	（五）張家山漢簡	（六）鳳凰山漢簡	（七）孔家坡漢簡	（八）尹灣漢簡	（九）武威漢簡	（十）居延漢簡	（十一）居延新簡	（十二）敦煌漢簡	（十三）額濟納漢簡	（十四）武威醫簡	（十五）東牌樓漢簡
第八	人部	借											0687	0668			
	人部	侵				0217	0799	0332				0640	0688		0379		
		帰					0799										
	人部	併	0966				0800					0641	0689	0669	0380		
	人部	償				0218	0801					0642	0690		0381		
	人部	代	0967		0241		0802		0377	0455	0566	0643	0691	0670		0319	
	人部	儀									0567			0671			
	人部	似									0568						
	人部	便	0968				0803			0456		0644	0692	0672	0382	0320	0353
	人部	任	0969	0171			0804	0333				0645	0693	0673	0383		0354
	人部	俗	0970														
	人部	使	0971				0805		0378	0457	0569	0646	0694	0674	0384	0321	0355
	人部	傳	0972			0219	0806	0334		0458	0570	0647	0695	0675	0385	0322	0356
	人部	倍					0807		0379				0696			0323	
	人部	儋								0459							
	人部	偏					0808						0697	0676			
	人部	佷						0335									
	人部	佻												0677			
	人部	侈															0357
	人部	僞	0973			0220	0809								0386		
	人部	倡					0810										
	人部	俳															0358
	人部	傷	0974														
		傷	0974														
	人部	債	0975				0811						0698				
	人部	仆								0460							
	人部	偃					0812	0336				0648	0699	0678			
	人部	傷	0976			0221	0813	0337	0380	0461		0649	0700	0679		0324	

第八	人部	催															0359
	人部	伏	0977				0814		0381	0462		0650	0701	0680	0387	0325	
	人部	例															0360
	人部	係			0242		0815					0651					
		傒					0815										
	人部	伐	0978	0172			0816		0382		0571	0652	0702	0681			
	人部	但			0243		0817	0338		0463	0572	0653		0682			0361
	人部	僂	0979														
	人部	仇															0362
	人部	咎	0980						0383		0573						
	人部	偶						0339			0574						
	人部	弔									0575						
	人部	件						0340					0703				
	人部	僦												0683新			
	人部	个									0576						
	人部	仗	0981				0818										
	人部	他								0464							0363
	人部	佚											0704				
	人部	伓									0577						
	人部	仮	0982														
	人部	佂											0705				
	人部	佐	0983				0819	0341	0384	0465	0578		0706	0684			0364
	人部	免	0984	0173		0222	0820		0385	0466	0579	0654	0707	0685	0388		
	人部	俉	0985														
	人部	倈												0686			
	人部	傡											0708				
	人部	偷										0655					
	人部	偑				0223	0821										
	人部	僃					0822										
		偙					0822										
	人部	僈											0709				

卷數	部名	被檢字	（一）睡虎地秦簡	（二）放馬灘秦簡	（三）周家臺秦簡	（四）龍崗秦簡	（五）張家山漢簡	（六）鳳凰山漢簡	（七）孔家坡漢簡	（八）尹灣漢簡	（九）武威漢簡	（十）居延漢簡	（十一）居延新簡	（十二）敦煌漢簡	（十三）額濟納漢簡	（十四）武威醫簡	（十五）東牌樓漢簡
第八	人部	儁	0986														
	人部	儌											0710				
	人部	僾											0711		0389	0326	
	七部	真	0987				0823			0467		0656	0712				
	七部	化					0824								0390		
	匕部	匕			0244		0825				0580					0327	
	匕部	頃	0988				0826					0657		0687	0391	0328	0365
	匕部	匘	0989														
		𡴀	0989														
	匕部	卬					0827										
	匕部	艮	0990														
	从部	從	0991	0174	0245	0224	0828	0342	0386	0468	0581	0658	0713	0688	0392	0329	0366
	从部	并	0992		0246		0829		0387		0582	0659	0714		0393	0330	0367
	比部	比	0993				0830	0343		0469	0583	0660	0715	0689	0394		0368
	北部	北	0994	0175	0247		0831		0388	0470	0584	0661	0716	0690	0395		0369
	北部	冀												0691			0370
	丘部	丘	0995			0225			0389	0471		0662	0717	0692			0371
	丘部	虚	0996		0248	0226	0832		0390		0585				0396		
	㐺部	眾	0997				0833	0344	0391	0472	0586	0663	0718				0372
		衆									0586	0663	0718				0372
	㐺部	聚	0998									0664	0719	0693			
	壬部	徵	0999				0834		0392			0665	0720			0331	0373
		敳	0999														
	壬部	朢	1000				0835	0345	0393			0666	0721	0694	0397		
		𦣠	1000														
	重部	重	1001			0227	0836				0587	0667	0722	0695	0398	0332	0374
	重部	量	1002								0588					0333	
	臥部	臥	1003				0837							0696	0399	0334	

卷	部	字														
第八	臥部	監	1004			0228	0838			0473	0589	0668		0697			0375
	臥部	臨	1005				0839		0394	0474		0669	0723	0698	0400	0335	0376
	身部	身	1006			0229	0840		0395	0475	0590	0670	0724	0699		0336	0377
	身部	軆									0591						
	㐆部	殷										0671	0725				0378
	衣部	衣	1007	0176			0841	0346	0396	0476	0592	0672	0726	0700	0401		0379
	衣部	裁							0397								
	衣部	褕								0477							
	衣部	表	1008				0842					0673	0727	0701	0402		0380
		表										0673	0727	0701	0402		0380
	衣部	裏	1009				0843				0593	0674		0702			
	衣部	衽	1010								0594						
	衣部	襲					0844	0347			0595	0675					
	衣部	袍						0348			0596	0676	0728				
	衣部	袤	1011				0845						0729				
	衣部	衹					0846										
	衣部	袪									0597						
	衣部	褎	1012				0847										
	衣部	袂									0598						
	衣部	褱									0599						
	衣部	襘								0478							
	衣部	褻											0730				
	衣部	複	1013					0349				0677	0731				
	衣部	袳									0600						
	衣部	袁						0350				0678					0381
	衣部	襦	1014					0351		0479	0601						
	衣部	襌	1015					0352									
	衣部	襄	1016				0848		0398					0703			
	衣部	被	1017							0480	0602	0679	0732		0403		0382
	衣部	衾					0849	0353		0481							
	衣部	雜	1018		0249		0850	0354			0603	0680	0733	0704			

卷數	部名	被檢字	（一）睡虎地秦簡	（二）放馬灘秦簡	（三）周家臺秦簡	（四）龍崗秦簡	（五）張家山漢簡	（六）鳳凰山漢簡	（七）孔家坡漢簡	（八）尹灣漢簡	（九）武威漢簡	（十）居延漢簡	（十一）居延新簡	（十二）敦煌漢簡	（十三）額濟納漢簡	（十四）武威醫簡	（十五）東牌樓漢簡
第八		襍						0354				0680	0733				
	衣部	裂	1019				0851										
	衣部	袓									0604						
	衣部	補	1020				0852			0482		0681	0734				
	衣部	裝											0735	0705			
	衣部	裹	1021		0250				0399							0337	
	衣部	褐	1022														
	衣部	衰	1023								0605					0338	
	衣部	卒	1024				0853		0400	0483	0606	0682	0736	0706	0404	0339	0383
	衣部	製	1025														
	衣部	褭					0854										
	衣部	裑	1026														
	衣部	祧				0230											
	衣部	褺	1027														
	衣部	𧞣					0855										
	衣部	襔	1028														
	裘部	裘	1029											0707			
	裘部	求	1030 重	0177 重	0251 重		0856 重		0401 重	0484 重	0607 重	0683 重	0737 重	0708 重			0384 重
	老部	老	1031				0857		0402	0485	0608	0684		0709		0340	
	老部	耆	1032											0710			
	老部	壽	1033		0252					0486	0609	0685		0711	0405		0385
	老部	考	1034										0738	0712	0406		0386
	老部	孝	1035				0858	0355		0487	0610	0686	0739	0713	0407		0387
	毛部	毛	1036				0859			0488	0611				0408		0388
	尸部	尸	1037				0860				0612	0687					0389
	尸部	居	1038	0178		0231	0861		0403	0489	0613	0688	0740	0714	0409	0341	0390
	尸部	展										0689		0715			
	尸部	尻					0862				0614			0716			

第八	尸部	尼					0863										
	尸部	屠										0690	0741				
	尸部	屋	1039						0404			0691	0742	0717	0410		
	尸部	屏	1040	0179					0405								
	尸部	屢									0615新						
	尸部	𡰥					0864										
	尸部	屎													0411		
	尸部	㞋	1041														
	尺部	尺	1042			0232	0865	0356	0406	0490	0616	0692	0743	0718	0412	0342	
	尾部	尾	1043		0253				0407	0491	0617			0719			0391
	尾部	屬	1044				0866		0408		0618	0693	0744	0720			0392
	尾部	屈	1045				0867		0409			0694					
	履部	履	1046				0868	0357			0619	0695		0721			0393
	履部	屨	1047														
	舟部	俞								0492			0745				
	舟部	船	1048				0869	0358									
	舟部	般									0620						
		股									0620						
	舟部	服	1049				0870	0359		0493	0621	0696	0746	0722		0343	
	舟部	舨						0360									
	方部	方	1050	0180	0254		0871	0361	0410	0494	0622	0697	0747	0723	0413	0344	
	儿部	兒	1051					0362		0495			0748	0724			0394
	儿部	兑	1052	0181					0411								
	儿部	充										0698	0749	0725	0414		
	兄部	兄	1053	0182			0872	0363	0412	0496	0623	0699	0750	0726		0345	0395
	兄部	競															0396
		兢															0396
	兂部	簪					0873重										
	皃部	皃			0255												
	兜部	兜										0700					
	先部	先	1054	0183	0256		0874		0413	0497	0624	0701	0751	0727	0415	0346	

卷數	部名	被檢字	（一）睡虎地秦簡	（二）放馬灘秦簡	（三）周家臺秦簡	（四）龍崗秦簡	（五）張家山漢簡	（六）鳳凰山漢簡	（七）孔家坡漢簡	（八）尹灣漢簡	（九）武威漢簡	（十）居延漢簡	（十一）居延新簡	（十二）敦煌漢簡	（十三）額濟納漢簡	（十四）武威醫簡	（十五）東牌樓漢簡
第八	秃部	秃					0875		0414								
	見部	見	1055	0184	0257	0233	0876		0415	0498	0625	0702	0752	0728	0416	0347	0397
	見部	視	1056				0877				0626	0703	0753	0729	0417		0398
	見部	觀	1057									0704					
	見部	覺	1058				0878							0730			
	見部	親	1059				0879			0499	0627	0705	0754	0731	0418		0399
		亲													0418		
	欠部	欽	1060										0755				
	欠部	歡															0400
		⿰亻雚															0400
	欠部	款														0348	
	欠部	欲	1061		0258	0234	0880		0416	0500	0628	0706	0756	0732	0419	0349	0401
	欠部	歌	1062						0417		0629						
		⿰可欠							0417								
	欠部	欦	1063														
	欠部	歐					0881			0501							
	欠部	⿰豙欠												0733		0350	
	欠部	次	1064		0259		0882			0502	0630	0707	0757	0734	0420	0351	0402
	欠部	欺					0883										
	欠部	㰴											0758				
	㱃部	㱃	1065		0260		0884	0364			0631	0708	0759	0735	0421	0352	0403
		飲									0631	0708	0759	0735	0421	0352	0403
		饮										0708					
	次部	羨				0235											0404
	次部	盜	1066	0185	0261	0236	0885		0418	0503		0709	0760	0736			0405
第九	頁部	頭	1067				0886		0419	0504		0710	0761	0737	0422	0353	0406
	頁部	顔	1068				0887					0711					
		顏					0887					0711					

第九	頁部	頌					0888										
	頁部	顯	1069							0505	0632	0712	0762	0738	0423		
		顩									0632	0712	0762		0423		
		顉								0505				0738			
	頁部	顛			0262												
	頁部	頯	1070				0889										
	頁部	頰	1071														0407
	頁部	頸	1072				0890		0420			0713					
	頁部	領	1073				0891			0506		0714	0763	0739			0408
	頁部	項	1074				0892									0354	
	頁部	顧	1075				0893		0421	0507	0633		0764				
	頁部	順	1076				0894				0634	0715	0765	0740			
	頁部	頓								0508		0716		0741			0409
	頁部	頡												0742			
	頁部	頗					0895			0509							0410
	頁部	顫					0896										
	頁部	煩	1077										0766	0743	0424	0355	0411
	頁部	顯	1078											0744			
	頁部	頎												0745			
	頁部	頪							0422								
	頁部	頻															0412
	頁部	頛	1079														
	頁部	顡	1080														
	面部	面	1081	0186			0897		0423		0635	0717	0767		0425		0413
	首部	首	1082	0187	0263	0237	0898	0365	0424		0636		0768	0746			0414
	県部	縣	1083			0238	0899	0366	0425	0510	0637	0718	0769	0747	0426		0415
	須部	須	1084	0188	0264		0900			0511	0638	0719	0770	0748		0356	0416
	彡部	弱	1085				0901		0426				0771			0357	
	文部	文	1086				0902			0512		0720	0772	0749			0417
	髟部	髮	1087				0903			0513							
	髟部	髳					0904重										

卷數	部名	被檢字	（一）睡虎地秦簡	（二）放馬灘秦簡	（三）周家臺秦簡	（四）龍崗秦簡	（五）張家山漢簡	（六）鳳凰山漢簡	（七）孔家坡漢簡	（八）尹灣漢簡	（九）武威漢簡	（十）居延漢簡	（十一）居延新簡	（十二）敦煌漢簡	（十三）額濟納漢簡	（十四）武威醫簡	（十五）東牌樓漢簡
第九	髟部	髡	1088														
	髟部	鬐					0905										
	后部	后								0514	0639		0773		0427		
	司部	司	1089	0189		0239	0906	0367	0427	0515	0640	0721	0774	0750	0428		
	卮部	卮					0907	0368		0516		0722					
	卩部	令	1090		0265	0240	0908	0369	0428	0517		0723	0775	0751	0429	0358	0418
	卩部	厄	1091														
	卩部	厀					0909				0641					0359	
		膝									0641					0359	
	卩部	卷	1092				0910	0370		0518		0724	0776				
	卩部	卻	1093				0911		0429		0642	0725	0777				0419
		却									0642						
	印部	印	1094				0912					0726	0778	0752	0430		0420
	色部	色	1095	0190			0913		0430	0519		0727	0779	0753			
	卯部	卿	1096				0914			0520	0643	0728	0780	0754	0431		0421
	辟部	辟	1097		0266	0241	0915		0431	0521	0644	0729	0781	0755	0432	0360	
	勹部	旬	1098	0191	0267		0916		0432		0645		0782			0361	
	勹部	匈					0917					0730	0783	0756	0433		
	勹部	冢	1099			0242	0918						0784				
		冢											0784				
	勹部	匀	1100														
	包部	包	1101				0919										
	茍部	敬	1102				0920	0371		0522	0646	0731	0785	0757	0434		0422
	鬼部	鬼	1103		0268		0921		0433						0435		
	鬼部	魂														0362	
	鬼部	醜	1104														
	由部	畏	1105				0922			0523	0647			0758			
	由部	禺	1106				0923			0524	0648						

第九	厶部	厶										0732		0759			
	厶部	篡	1107				0924										
	厶部	誘	1108重				0925重										
	嵬部	巍	1109										0786	0760			
		魏	1109										0786	0760			
	山部	山	1110		0269		0926		0434	0525	0649	0733	0787	0761	0436	0363	0423
	山部	岑	1111									0734	0788	0762			
	山部	密	1112								0650			0763		0364	
	山部	峻															0424重
	山部	崩									0651						
		崩									0651						
	山部	崇								0526	0652		0789	0764			
	山部	崔										0735	0790				
	山部	[illegible]	1113														
	屵部	岸											0791				
	广部	广															0425
	广部	府	1114		0270		0927			0527	0653	0736	0792	0765	0437	0365	0426
	广部	廬					0928				0654					0366	
	广部	庭							0435		0655	0737	0793		0438		
		[illegible]							0435								
	广部	廡	1115								0656						
	广部	廚										0738	0794				
		厨										0738					
	广部	庫	1116									0739					0427
	广部	廄	1117				0929		0436				0795				
		[illegible]							0436								
		廚											0795				
	广部	廦	1118														
	广部	序							0437		0657						
	广部	廣	1119				0930			0528	0658	0740	0796		0439		
	广部	廥	1120						0438								

卷數	部名	被檢字	（一）睡虎地秦簡	（二）放馬灘秦簡	（三）周家臺秦簡	（四）龍崗秦簡	（五）張家山漢簡	（六）鳳凰山漢簡	（七）孔家坡漢簡	（八）尹灣漢簡	（九）武威漢簡	（十）居延漢簡	（十一）居延新簡	（十二）敦煌漢簡	（十三）額濟納漢簡	（十四）武威醫簡	（十五）東牌樓漢簡
第九	广部	庾											0797				
	广部	廁	1121				0931										
	广部	廉	1122				0932			0529	0659				0440		
	广部	龐											0798				
	广部	庫					0933	0372									
	广部	庶	1123			0243	0934			0530	0660		0799				
	广部	雁					0935										
	广部	廢							0439			0741					
	广部	廟				0244					0661						
	广部	庎	1124				0936					0742	0800	0766			
		庌										0742	0800	0766			
	广部	廖										0743新	0801				
	广部	庰	1125														
	广部	庢	1126														
	广部	庳							0440								
	广部	廄						0373									
	广部	廱									0662						
	厂部	廱												0767			
	厂部	厥					0937				0663						
	厂部	仄										0744	0802				
	厂部	厭						0374	0441		0664		0803	0768			
		厭											0803	0768			
		厭						0374									
		厭							0441								
	丸部	丸								0531				0769		0367	
		丸								0531							
		丸								0531							
	危部	危	1127	0192	0271		0938		0442	0532		0745					

第九	石部	石	1128	0193		0245	0939	0375	0443	0533		0746	0804	0770	0441	0368	0428
	石部	碭								0534							
	石部	礜			0272						0665					0369	
	石部	磿			0273		0940										
		磨			0273		0940										
	石部	罄					0941										
	石部	磬									0666						
	石部	破					0942		0444			0747		0771			
	石部	研								0535							
	石部	磑										0748	0805				
	石部	碓											0806				
	石部	硏													0442		
	石部	磨											0807			0370	0429
	石部	礬			0274												
	長部	長	1129	0194	0275	0246	0943	0376	0445	0536	0667	0749	0808	0772	0443	0371	0430
		长										0749	0808	0772			0430
	長部	肆									0668						0431
		肆									0668						0431
		𨽿									0668						
	長部	镾											0809				
	長部	𨲠														0372	
	長部	镻					0944										
	長部	𨲡	1130														
	勿部	勿	1131	0195	0276	0247	0945	0377	0446		0669	0750	0810	0773		0373	0432
	冄部	冄											0811				
	而部	而	1132	0196	0277	0248	0946	0378	0447	0537	0670	0751	0812	0774		0374	
	而部	耐	1133 重			0249 重	0947 重		0448 重				0813 重		0444 重		
	豕部	豕	1134	0197					0449		0671						
	豕部	豬	1135										0814			0375	
		猪											0814				
	豕部	豶											0815				

卷數	部名	被檢字	（一）睡虎地秦簡	（二）放馬灘秦簡	（三）周家臺秦簡	（四）龍崗秦簡	（五）張家山漢簡	（六）鳳凰山漢簡	（七）孔家坡漢簡	（八）尹灣漢簡	（九）武威漢簡	（十）居延漢簡	（十一）居延新簡	（十二）敦煌漢簡	（十三）額濟納漢簡	（十四）武威醫簡	（十五）東牌樓漢簡
第九	豕部	豭											0816				
	豕部	豤	1136				0948										
	豕部	豢												0775			
	豕部	豲				0250											
		豲				0250											
	豕部	[illegible]					0949										
	㣇部	豪	1137重										0817重				
	彑部	彘				0251	0950						0818		0445		
	彑部	彖							0450								
	彑部	彙				0252											
	豚部	豚	1138														
	豚部	豚			0278重		0951重	0379重									
		胥			0278重												
		[illegible]					0951重										
	豸部	豸	1139														
	豸部	豹	1140					0380						0776			
	豸部	貙	1141				0952										
	豸部	豺	1142			0253								0777			
	豸部	豻	1143														
	豸部	貉	1144														
	豸部	貍	1145		0279	0254					0672			0778			
	豸部	[illegible]	1146														
	𤉡部	兕	1147重														
	易部	易	1148				0953			0538	0673					0376	0433
	象部	象	1149							0539	0674						
	象部	豫										0752	0819	0779			
第十	馬部	馬	1150		0280	0255	0954	0381	0451	0540	0675	0753	0820	0780	0446	0377	0434
	馬部	駒	1151			0256		0382					0821				

第十	馬部	驪						0383									
	馬部	騩												0781			
	馬部	驑						0384									
		駠						0384									
	馬部	騅	1152											0782			
	馬部	駱							0452							0378	
	馬部	駿											0822				
	馬部	驕	1153														
	馬部	驩										0754					
	馬部	驗										0755	0823	0783	0447	0379	0435
	馬部	驀					0955										
	馬部	騎				0257	0956	0385		0541		0756	0824	0784	0448		0436
	馬部	駕	1154			0258	0957				0676			0785			
	馬部	駢						0386									
	馬部	駟	1155				0958										
	馬部	篤	1156		0281									0786			
	馬部	馮											0825	0787	0449		
	馬部	驅												0788			
	馬部	敺	1157重			0259重											
	馬部	馳				0260						0757	0826	0789	0450		
	馬部	騖					0959										
	馬部	驚								0542			0827	0790	0451	0380	0437
	馬部	騫												0791			
	馬部	騷	1158				0960				0677						
	馬部	騶	1159														
	馬部	驛											0828				0438
	馬部	騰	1160				0961				0678	0758					
	馬部	駮										0759					
	馬部	駃	1161														
	馬部	騠	1162														
	馬部	驢												0792			

卷數	部名	被檢字	（一）睡虎地秦簡	（二）放馬灘秦簡	（三）周家臺秦簡	（四）龍崗秦簡	（五）張家山漢簡	（六）鳳凰山漢簡	（七）孔家坡漢簡	（八）尹灣漢簡	（九）武威漢簡	（十）居延漢簡	（十一）居延新簡	（十二）敦煌漢簡	（十三）額濟納漢簡	（十四）武威醫簡	（十五）東牌樓漢簡
第十	馬部	騂											0829				
	廌部	薦	1163								0679						
	廌部	灋	1164			0261	0962										
	廌部	法					0963重		0453重	0543重		0760重	0830重		0452重	0381重	0439重
	鹿部	鹿				0262			0454		0680			0793			
	鹿部	麇	1165				0964				0681					0382	
	鹿部	麋				0263											
	鹿部	麃	1166			0264					0682						
	鹿部	麗	1167							0544	0683						
	鹿部	麛									0684						
	㲋部	毚	1168														
	兔部	兔	1169			0265							0831			0383	
	兔部	冤											0832	0794			
		寃											0832				
	犬部	犬	1170	0198		0266	0965	0387					0833				
	犬部	狗	1171		0282					0545	0685	0761	0834	0795		0384	
	犬部	狡	1172														
	犬部	猲					0966										
		猒					0966										
	犬部	猗											0835				
	犬部	默															0440
	犬部	猥										0762					
	犬部	狀	1173				0967	0388				0763	0836	0796	0453	0385	0441
	犬部	犯	1174			0267							0837	0797			0442
	犬部	猛										0764	0838		0454		
	犬部	犺	1175														
	犬部	戾	1176														
	犬部	獨	1177				0968					0765		0798	0455	0386	0443

第十		獸														0443
	犬部	獵	1178													
	犬部	臭	1179													
	犬部	獲	1180						0455	0546	0686		0839	0799			
	犬部	獻	1181				0969				0687					
	犬部	狂	1182				0970							0800			
	犬部	類	1183				0971			0547						
	犬部	狄					0972					0766					
	犬部	猶	1184				0973				0688						0444
		猶	1184													
		猷	1184				0973									
	犬部	猴								0548						
	犬部	㱿				0268										
	犬部	狼	1185			0269							0840			0387	
	犬部	狐				0270								0801			
	犬部	狸								0549						
	犬部	猨								0550						
	犬部	獦									0689					
	犬部	貍								0551						
	犬部	獾						0389								
	犬部	玃	1186													
	㹜部	獄	1187		0283	0271	0974		0456			0767	0841	0802	0456		0445
		獄							0456							
	鼠部	鼠	1188													
	鼠部	鼷	1189													
	能部	能	1190		0284	0272	0975	0390		0552	0690	0768	0842	0803		0388	0446
	熊部	熊					0976	0391								
	火部	火	1191	0199	0285	0273	0977		0457	0553		0769	0843	0804	0457	0389	0447
	火部	然	1192			0274	0978		0458	0554	0691			0805			
	火部	燔	1193				0979		0459		0692	0770	0844	0806			
	火部	烈															0448

卷數	部名	被檢字	（一）睡虎地秦簡	（二）放馬灘秦簡	（三）周家臺秦簡	（四）龍崗秦簡	（五）張家山漢簡	（六）鳳凰山漢簡	（七）孔家坡漢簡	（八）尹灣漢簡	（九）武威漢簡	（十）居延漢簡	（十一）居延新簡	（十二）敦煌漢簡	（十三）額濟納漢簡	（十四）武威醫簡	（十五）東牌樓漢簡
第十	火部	烝								0555	0693						
	火部	烰	1194														
	火部	炭			0286		0980						0845				
	火部	灰	1195		0287		0981				0694						
	火部	炊					0982		0460	0556				0807	0458	0390	
	火部	熹										0771					
	火部	煎					0983							0808		0391	
	火部	尉	1196				0984			0557		0772	0846		0459		
	火部	灸														0392	
		夂火														0392	
	火部	燭									0695						
	火部	焚	1197														
	火部	票	1198														
	火部	焦	1199重		0288重							0773重	0847重	0809重	0460重	0393重	
	火部	灾												0810重			
	火部	煙										0774		0811			
	火部	熅			0289												
	火部	焞					0985										
	火部	照															0449
	火部	煇					0986										
	火部	煌										0775		0812			
	火部	光	1200				0987		0461			0776	0848	0813	0461	0394	0450
	火部	熱	1201				0988						0849			0395	
	火部	煖					0989										
	火部	炅										0777	0850				
	火部	燥					0990		0462								
	火部	威	1202														
	火部	㸑											0851		0462		

第十		蓬											0851		0462		
	火部	烝												0814			
	火部	炬												0815			
	炎部	炎	1203				0991										0451
	黑部	黑	1204		0290		0992	0392	0463	0558	0696	0778	0852	0816	0463		0452
	黑部	點					0993										
	黑部	黚												0817			
	黑部	黠											0853				
	黑部	黔		0200		0275	0994										
	黑部	黨	1205							0559	0697	0779	0854	0818			
	黑部	黥	1206			0276	0995										
	囱部	悤	1207														
	焱部	熒					0996					0780					
	炙部	炙	1208		0291		0997	0393									
	赤部	赤	1209	0201	0292		0998	0394	0464			0781		0819		0396	
	赤部	赧					0999										
	赤部	赭														0397	
	大部	大	1210	0202	0293	0277	1000	0395	0465	0560	0698	0782	0855	0820	0464	0398	0453
	大部	奎	1211		0294												
	大部	夾	1212				1001		0466			0783					
	大部	奄	1213														
	大部	夸	1214				1002										
	大部	戴			0295												
	大部	契	1215														
	大部	夷	1216	0203			1003							0821			
	大部	奈											0856		0465		0454
	亦部	亦	1217	0204	0296	0278	1004			0561	0699		0857	0822		0399	0455
	夨部	奊	1218				1005										
	夨部	吳					1006					0784	0858				
	夭部	夭	1219						0467								
	夭部	喬								0562							

卷數	部名	被檢字	（一）睡虎地秦簡	（二）放馬灘秦簡	（三）周家臺秦簡	（四）龍崗秦簡	（五）張家山漢簡	（六）鳳凰山漢簡	（七）孔家坡漢簡	（八）尹灣漢簡	（九）武威漢簡	（十）居延漢簡	（十一）居延新簡	（十二）敦煌漢簡	（十三）額濟納漢簡	（十四）武威醫簡	（十五）東牌樓漢簡
第十	夭部	喬	1220			0279	1007	0396		0563		0785	0859	0823			0456
	夭部	奔	1221				1008										
	交部	交	1222				1009			0564	0700	0786	0860		0466		0457
	交部	絞									0701						
	壺部	壺	1223		0297			0397			0702						
	壹部	壹	1224				1010		0468		0703	0787				0400	
	幸部	睪									0704			0824	0467		
	幸部	執	1225						0469	0565	0705	0788	0861				
	幸部	報	1226				1011		0470		0706	0789	0862	0825	0468		
	亢部	亢	1227		0298									0826			
	夲部	𠦪	1228														
	夲部	奏	1229				1012			0566	0707	0790	0863	0827		0401	
	夲部	臯	1230		0299												
	夰部	昊							0471								
	亣部	奚										0791					
	亣部	耎	1231			0280	1013										
	夫部	夫	1232	0205	0300	0281	1014		0472	0567	0708	0792	0864	0828	0469		0458
	立部	立	1233				1015	0398	0473	0568	0709	0793	0865	0829	0470	0402	0459
	立部	端	1234				1016			0569	0710				0471		
	立部	竭								0570					0472		
	立部	𥩟									0711重						
	立部	竮									0712						
	立部	竒	1235														
	竝部	竝	1236				1017			0571	0713	0794	0866	0830	0473		
	竝部	㬱															0460重
		替															0460重
	思部	思	1237										0867	0831			0461
	思部	慮	1238							0572							0462

第十	心部	心	1239		0301		1018		0474		0714	0795	0868	0832	0474	0403	0463
	心部	息	1240	0206			1019	0399		0573		0796		0833		0404	
	心部	情												0834			0464
	心部	志	1241				1020			0574	0715	0797	0869			0405	
	心部	意	1242				1021	0400		0575		0798	0870	0835	0475	0406	0465
	心部	㥁					1022										
	心部	應	1243				1023					0799	0871	0836			
		譍	1243				1023										
	心部	慎	1244						0475		0716	0800	0872	0837		0407	
	心部	忠	1245							0576	0717	0801	0873	0838	0476		
	心部	慤	1246														
		㱿	1246														
	心部	快										0802		0839			
	心部	念									0718		0874	0840			0466
		悆															0466
	心部	憲	1247									0803	0875	0841	0477		
	心部	憚										0804	0876	0842			
	心部	慧	1248														
	心部	恢	1249				1024							0843			
	心部	恭								0577		0805	0877	0844	0478		
	心部	恕											0878				
	心部	慈									0719		0879				
	心部	恩								0578		0806	0880	0845	0479		0467
	心部	慶	1250					0401	0476			0807	0881	0846			
	心部	惟								0579							
	心部	懷	1251									0808	0882				
	心部	想															0468
	心部	懼	1252							0580							
	心部	怙															0469
	心部	恃									0720						0470
	心部	慕												0847			

卷數	部名	被檢字	（一）睡虎地秦簡	（二）放馬灘秦簡	（三）周家臺秦簡	（四）龍崗秦簡	（五）張家山漢簡	（六）鳳凰山漢簡	（七）孔家坡漢簡	（八）尹灣漢簡	（九）武威漢簡	（十）居延漢簡	（十一）居延新簡	（十二）敦煌漢簡	（十三）額濟納漢簡	（十四）武威醫簡	（十五）東牌樓漢簡
第十	心部	急	1253		0302		1025			0581		0809	0883	0848	0480	0408	0471
	心部	恁								0582							
	心部	悒					1026										
	心部	愚	1254									0810	0884	0849			0472
	心部	悍	1255				1027	0402									
	心部	怪	1256														0473
	心部	怠								0583							0474
	心部	忽								0584		0811	0885	0850			0475
	心部	忘	1257				1028		0477			0812		0851		0409	0476
	心部	恣												0852			
	心部	惑	1258							0585							
	心部	忌	1259	0207					0478							0410	0477
	心部	忿	1260							0586							
	心部	恚					1029										0478
		㤬															0478
	心部	怨	1261														
	心部	怒	1262		0303		1030			0587			0886		0481	0411	0479
	心部	惡	1263		0304		1031		0479		0721	0813			0482	0412	
		蕙										0813				0412	
		恵										0813					
		恚										0813					
		惠													0482		
		蕙													0482		
	心部	恨												0853			
	心部	悔	1264							0588			0887				0480
	心部	潓										0814	0888			0413	
	心部	悲	1265				1032							0854			
	心部	感														0414	

第十	心部	恙	1266						0480			0815	0889	0855	0483		0481
	心部	愁								0589							0482
	心部	𢝊	1267														
	心部	患								0590			0890				
	心部	恐	1268				1033		0481	0591		0816	0891	0856			0483
	心部	惕					1034			0592			0892				
	心部	憖	1269重														
	心部	惶								0593				0857			0484
	心部	慙												0858			
	心部	憐												0859			
	心部	忍	1270										0893	0860			0485
	心部	忿															0486
	心部	[illegible]															0487
	心部	恖	1271														
	心部	愙	1272														
	心部	急								0594							
	心部	㥄											0894				
	心部	惓															0488
	心部	愈								0595			0895			0415	
	心部	悳	1273														
	心部	[illegible]														0416	
	心部	愨					1035										
	心部	懮								0596							
	心部	[illegible]						0403									
		[illegible]						0403									
第十一	水部	水	1274	0208	0305		1036		0482	0597	0722	0817	0896	0861	0484	0417	0489
	水部	河	1275			0282	1037		0483	0598		0818	0897	0862	0485	0418	
	水部	涷														0419	
	水部	江	1276		0306		1038	0404				0819	0898	0863			
	水部	温			0307		1039		0484			0820	0899	0864		0420	
	水部	沮					1040										

卷數	部名	被檢字	（一）睡虎地秦簡	（二）放馬灘秦簡	（三）周家臺秦簡	（四）龍崗秦簡	（五）張家山漢簡	（六）鳳凰山漢簡	（七）孔家坡漢簡	（八）尹灣漢簡	（九）武威漢簡	（十）居延漢簡	（十一）居延新簡	（十二）敦煌漢簡	（十三）額濟納漢簡	（十四）武威醫簡	（十五）東牌樓漢簡
第十一	水部	涂	1277		0308		1041		0485	0599							
	水部	溺														0421	
	水部	渭	1278														
	水部	漢					1042		0486			0821	0900	0865	0486		0490
	水部	汧					1043										
	水部	漆										0822		0866			
	水部	洛							0487								
	水部	汝								0600		0823	0901				0491
	水部	汾					1044					0824		0867			
	水部	潞					1045										
	水部	蕩					1046										
	水部	灌									0723			0868		0422	
	水部	泠								0601							
	水部	溧								0602							
	水部	湘															0492
	水部	深	1279				1047		0488	0603	0724		0902	0869	0487	0423	0493
	水部	溜									0725					0424	
	水部	淮					1048			0604		0825					
	水部	潁											0903				
	水部	泄					1049						0904	0870		0425	
	水部	淩												0871			
	水部	濕												0872		0426	
	水部	洙														0427	
	水部	沂					1050		0489	0605							
	水部	洋								0606							
	水部	溉	1280								0726						
	水部	治	1281	0209	0309	0283	1051		0490	0607	0727	0826	0905	0873	0488	0428	0494
	水部	寖					1052				0728						

		㴆					1052										
	水部	濡					1053										
	水部	沽											0906				
	水部	沛								0608			0907				
		海							0491	0609		0827	0908	0874		0429	
	水部	海												0874			
		海												0874		0429	
	水部	溥						0405									
	水部	衍								0610			0909				
	水部	涓														0430	
	水部	活														0431	
	水部	漻									0729						
	水部	況								0611	0730	0828	0910				
	水部	波	1282														
	水部	浮	1283				1054			0612							
第十一	水部	氾						0406					0911	0875	0489		
	水部	測								0613							
	水部	涌								0614							
	水部	汋									0731						
	水部	淑								0615							
	水部	清	1284	0210	0310		1055		0492	0616				0876			
	水部	淵										0829	0912	0877			
	水部	滿									0732	0830	0913		0490		
	水部	滑									0733	0831				0432	
	水部	澤			0311			0407	0493	0617	0734	0832		0878		0433	
	水部	淫	1285				1056										
	水部	潰														0434	
	水部	淺					1057										
	水部	淖									0735						
	水部	沙	1286			0284				0618		0833	0914	0879	0491	0435	
	水部	瀆	1287														

卷數	部名	被檢字	（一）睡虎地秦簡	（二）放馬灘秦簡	（三）周家臺秦簡	（四）龍崗秦簡	（五）張家山漢簡	（六）鳳凰山漢簡	（七）孔家坡漢簡	（八）尹灣漢簡	（九）武威漢簡	（十）居延漢簡	（十一）居延新簡	（十二）敦煌漢簡	（十三）額濟納漢簡	（十四）武威醫簡	（十五）東牌樓漢簡
第十一	水部	汼														0436	
	水部	浦												0880			
	水部	沸								0619						0437	
	水部	洫					1058			0620	0736						
	水部	溝	1288						0494			0834	0915		0492		
	水部	瀆					1059								0493		
	水部	渠	1289							0621		0835	0916		0494		
	水部	澗										0836					
	水部	決	1290			0285	1060	0408	0495	0622	0737		0917	0881			
		决				0285				0622							
	水部	注	1291								0738		0918	0882			
	水部	浂	1292		0312		1061				0739						
		沃	1292		0312		1061				0739						
	水部	津	1293				1062										0495
	水部	泭								0623							
	水部	渡	1294				1063					0837	0919				
	水部	泛	1295														
	水部	湛									0740						
	水部	没	1296			0286	1064		0496		0741	0838	0920				
	水部	潦	1297														
	水部	沈										0839	0921				
	水部	漬			0313		1065									0438	
	水部	浞					1066										
	水部	消							0497							0439	
	水部	渴					1067										
	水部	汙	1298				1068			0624	0742						
	水部	潤										0840					
	水部	洎														0440	

第十一	水部	湯	1299							0625		0841	0922				
	水部	涫									0743						
	水部	浚														0441	
	水部	泔														0442	
	水部	潃	1300														
	水部	滌					1069	0409								0443	
	水部	涼											0923	0883			
	水部	汁					1070				0744					0444	
	水部	洒					1071										
	水部	滓					1072										
	水部	沐	1301		0314		1073	0410					0924				
	水部	浴	1302		0315		1074										
	水部	澡					1075				0745						
	水部	洗									0746		0925				
	水部	汲			0316		1076	0411									
	水部	淳	1303							0626	0747	0842	0926			0445	
		浡														0445	
	水部	渫	1304														
	水部	浣						0412			0748 重						
	水部	濯									0749						
	水部	染											0927				
	水部	泰					1077			0627	0750						
	水部	夳									0751 重						
	水部	汗			0317		1078		0498				0928		0495		
	水部	泣					1079			0628	0752					0446	
	水部	涕								0629		0843					
	水部	瀌	1305				1080						0929				
	水部	減	1306			0287	1081					0844		0884	0496		
		減												0884	0496		
	水部	滅									0753	0845	0930	0885			
		滅												0885			

卷數	部名	被檢字	（一）睡虎地秦簡	（二）放馬灘秦簡	（三）周家臺秦簡	（四）龍崗秦簡	（五）張家山漢簡	（六）鳳凰山漢簡	（七）孔家坡漢簡	（八）尹灣漢簡	（九）武威漢簡	（十）居延漢簡	（十一）居延新簡	（十二）敦煌漢簡	（十三）額濟納漢簡	（十四）武威醫簡	（十五）東牌樓漢簡
第十一	水部	漕											0931				
	水部	漏								0630						0447	
	水部	池	1307		0318		1082					0846					
	水部	汧	1308														
	水部	沃			0319												
	水部	泃					1083										
	水部	涅					1084										
	水部	澍	1309														
	水部	湯														0448	
	水部	瀝	1310				1085										
	水部	潸				0288											
	水部	溥					1086										
	水部	瀆	1311														
	沝部	沝					1087						0932				
		沝					1087						0932				
	沝部	流	1312重				1088重		0499重	0631重				0886重			0496重
	沝部	涉												0887重			
	巜部	粼	1313														
	川部	川								0632		0847	0933	0888			
	川部	州	1314				1089			0633	0754		0934	0889			
	泉部	泉					1090					0848	0935	0890	0497		
	灥部	原	1315重				1091重			0634重		0849重	0936重	0891重	0498重		
	永部	永					1092			0635		0850	0937	0892	0499		0497
	永部	羕											0938		0500		0498
	𠂢部	脈					1093重									0449重	
	谷部	谷	1316	0211			1094		0500			0851	0939	0893			
	谷部	谿					1095										
	仌部	冬	1317	0212			1096		0501	0636	0755	0852	0940	0894	0501	0450	

第十一	仌部	冶			0320			0413								0451	
	仌部	汵					1097										
	雨部	雨	1318	0213	0321		1098		0502	0637			0941	0895			
	雨部	靁									0756						
		雷									0756						
	雨部	震	1319											0896			
	雨部	屚	1320														
	雨部	露					1099					0853	0942	0897			
		潞					1099										
	雨部	霜								0638				0898			
	雨部	霰							0503								
		霿							0503								
	雨部	需										0854		0899			
	雲部	雲	1321			0289			0504	0639			0943	0900			
	雲部	云	1322重							0640重			0944重	0901重			0499重
	魚部	魚	1323		0322	0290	1100	0414		0641	0757	0855	0945	0902		0452	
	魚部	鮒									0758						
	魚部	鮮	1324							0642			0946			0453	
	魚部	鮑											0947				
	魚部	鯖			0323												
	魚部	鱉								0643							
	鱻部	漁	1325重														
	燕部	燕							0505		0759						
	龍部	龍	1326						0506	0644		0856	0948	0903		0454	
	龍部	龏					1101										
	飛部	翼	1327重		0324重					0645重							0500重
		奧															0500重
	非部	非	1328		0325	0291	1102	0415	0507		0760	0857	0949	0904	0502		0501
	非部	靡	1329		0326		1103										
第十二	乞部	孔	1330				1104			0646		0858	0950	0905			
	乞部	乳	1331		0327		1105				0761	0859				0455	

卷數	部名	被檢字	（一）睡虎地秦簡	（二）放馬灘秦簡	（三）周家臺秦簡	（四）龍崗秦簡	（五）張家山漢簡	（六）鳳凰山漢簡	（七）孔家坡漢簡	（八）尹灣漢簡	（九）武威漢簡	（十）居延漢簡	（十一）居延新簡	（十二）敦煌漢簡	（十三）額濟納漢簡	（十四）武威醫簡	（十五）東牌樓漢簡
第十二	不部	不	1332	0214	0328	0292	1106	0416	0508	0647	0762	0860	0951	0906	0503	0456	0502
	至部	至	1333	0215	0329		1107	0417	0509	0648	0763	0861	0952	0907	0504	0457	0503
	至部	到	1334	0216	0330	0293	1108		0510	0649		0862	0953	0908	0505	0458	0504
	至部	臺															0505
	西部	西	1335	0217	0331		1109	0418	0511	0650	0764	0863	0954	0909	0506		
	西部	棲	1336重						0512重								
	鹵部	鹵															0506
	鹽部	鹽	1337				1110				0765		0955		0507	0459	
		鹽														0459	
	戶部	戶	1338		0332		1111	0419	0513	0651	0766	0864	0956	0910	0508		0507
	戶部	扇	1339				1112	0420					0957				
	戶部	房	1340		0333				0514	0652	0767	0865	0958	0911		0460	
	戶部	扃									0768						
	門部	門	1341	0218	0334	0294	1113		0515	0653	0769	0866	0959	0912	0509	0461	0508
	門部	閎										0867			0510		
	門部	閤															0509
	門部	閭												0913			
	門部	閣	1342					0421						0914			
	門部	闐	1343														
	門部	闕							0516								
	門部	闔					1114				0770						
	門部	閬	1344		0335			0422									
	門部	開	1345	0219			1115		0517	0654							
	門部	閡										0868	0960				
	門部	閒	1346	0220			1116		0518	0655	0771		0961	0915		0462	
	門部	闌	1347			0295	1117					0869		0916			
	門部	閉	1348	0221	0336		1118		0519					0917	0511	0463	
		閇							0519					0917	0511		

第十二		刃														0463	
	門部	關	1349			0296	1119				0772	0870	0962	0918	0512		
		閈				0296											
	門部	闑												0919			
	門部	閱	1350				1120						0963		0513		
	門部	閔									0773				0514		
	門部	閑	1351														
	門部	闕	1352				1121										
	門部	闔									0774						
	門部	闖	1353														
	耳部	耳	1354		0337		1122		0520		0775		0964	0920	0515	0464	0510
	耳部	耿												0921		0465	
	耳部	聊												0922			
	耳部	聖	1355				1123	0423		0656		0871	0965	0923	0516		
	耳部	聽	1356		0338		1124		0521	0657	0776	0872	0966	0924	0517		
		聼							0521								
	耳部	職	1357							0658		0873	0967		0518		
	耳部	聲	1358				1125				0777					0466	
	耳部	聞	1359				1126		0522	0659	0778	0874	0968	0925			0511
	耳部	聶	1360								0779	0875					
	耳部	聓									0780						
	耳部	聑	1361														
	𦣝部	頤					1127重										
	手部	手	1362		0339		1128	0424	0523	0660	0781		0969		0519	0467	0512
	手部	掌												0926			
	手部	指	1363		0340		1129				0782		0970	0927	0520	0468	
	手部	拳	1364														
	手部	擊					1130										
	手部	摳								0661							
	手部	揖									0783			0928			
	手部	攘									0784						

卷數	部名	被檢字	（一）睡虎地秦簡	（二）放馬灘秦簡	（三）周家臺秦簡	（四）龍崗秦簡	（五）張家山漢簡	（六）鳳凰山漢簡	（七）孔家坡漢簡	（八）尹灣漢簡	（九）武威漢簡	（十）居延漢簡	（十一）居延新簡	（十二）敦煌漢簡	（十三）額濟納漢簡	（十四）武威醫簡	（十五）東牌樓漢簡
第十二	手部	捧	1365				1131										
	手部	拜								0662重	0785重	0876重	0971重	0929重	0521重		0513重
	手部	揹	1366				1132										
	手部	推									0786		0972	0930	0522		0514
	手部	抵	1367		0341												
	手部	扶	1368							0663			0973		0523		
	手部	持						0425		0664	0787	0877	0974	0931	0524		0515
	手部	摯	1369	0222													
	手部	操	1370		0342		1133	0426	0524					0932			
	手部	據					1134										
	手部	攝										0878	0975	0933	0525		
		聑										0878	0975	0933	0525		
	手部	捬												0934			
	手部	挾					1135				0788		0976				
		挟									0788						
		抶									0788						
		扶									0788						
	手部	把	1371				1136							0935			
	手部	扼	1372重				1137重										
	手部	提	1373							0665							
	手部	擪					1138										
		癴					1138										
	手部	按												0936			
	手部	揗									0789						
	手部	掾	1374				1139			0666		0879	0977	0937	0526		0516
	手部	拊									0790			0938			
	手部	掊								0667							
	手部	措									0791						

	手部	擇	1375				1140				0792		0978	0939			
	手部	捉											0979				
	手部	搣												0940			
	手部	捽	1376														
	手部	撮														0469	
	手部	抱	1377重														0517重
	手部	授								0668	0793	0880					
	手部	承						0427		0669	0794	0881	0980	0941	0527		0518
	手部	招					1141										
	手部	撫					1142				0795			0942			
	手部	投	1378	0223	0343		1143			0670							
	手部	搔									0796						
	手部	抉	1379														
	手部	撓														0470	
	手部	据					1144										
第十二	手部	披								0671							
	手部	搖					1145										
	手部	揚									0797	0882	0981				
	手部	舉	1380				1146				0798	0883	0982	0943	0528		
	手部	振									0799	0884					
	手部	撟	1381		0344		1147										
	手部	擩									0800						
	手部	揄	1382														
	手部	擅	1383				1148	0428					0983	0944			
	手部	失	1384	0224	0345	0297	1149		0525	0672	0801	0885	0984	0945		0471	
	手部	挩									0802						
	手部	抒										0886					
	手部	拓	1385									0887					
	手部	拾									0803						
	手部	掇	1386														
	手部	援	1387				1150										

卷數	部名	被檢字	（一）睡虎地秦簡	（二）放馬灘秦簡	（三）周家臺秦簡	（四）龍崗秦簡	（五）張家山漢簡	（六）鳳凰山漢簡	（七）孔家坡漢簡	（八）尹灣漢簡	（九）武威漢簡	（十）居延漢簡	（十一）居延新簡	（十二）敦煌漢簡	（十三）額濟納漢簡	（十四）武威醫簡	（十五）東牌樓漢簡
第十二	手部	擢						0429									
	手部	拔	1388										0985		0529		
	手部	擣									0804						
	手部	探					1151										0519
		棪					1151										
	手部	揮					1152										
	手部	摩														0472	
	手部	摶									0805						
	手部	掩							0526								
		軌							0526								
	手部	播	1389														
	手部	捲									0806						
	手部	扱									0807						
	手部	捶												0946			
	手部	拂								0673	0808						
	手部	擊					1153		0527	0674	0809		0986	0947			
	手部	捕	1390			0298	1154		0528	0675		0888	0987	0948	0530		0520
	手部	挂										0889					
	手部	挐					1155										
	手部	挌	1391				1156		0529								
	手部	扜					1157							0949			
	手部	擘					1158			0676							
		擪					1158										
	手部	换											0988				
	手部	掖	1392									0890	0989		0531		
	手部	撼									0810新						
	手部	抅												0950			
	手部	挳													0532		

	手部	搸	1393														
	手部	搷												0951			
	手部	搗														0473	
	手部	擴									0811						
	手部	擊	1394														
	手部	搴					1159										
	手部	攬	1395														
	㧈部	脊	1396						0530		0812						
	女部	女	1397	0225	0346		1160	0430	0531	0677	0813	0891	0990	0952	0533	0474	0521
	女部	姓	1398						0532	0678	0814	0892	0991	0953	0534		0522
	女部	姜												0954			
	女部	姬					1161										
	女部	姚	1399					0431						0955			
	女部	嫁	1400		0347		1162		0533	0679	0815		0992			0475	0523
	女部	娶									0816						
第十二	女部	妻	1401	0226			1163		0534		0817	0893	0993	0956			0524
	女部	婦	1402		0348		1164		0535	0680	0818					0476	0525
	女部	母	1403	0227	0349		1165	0432	0536	0681	0819	0894	0994	0957	0535		0526
	女部	姑	1404						0537		0820	0895					
	女部	威	1405				1166			0682		0896	0995	0958	0536	0477	
	女部	姊					1167				0821						
	女部	妹									0822						
	女部	嫂									0823						
		婹									0823						
	女部	姪									0824						
	女部	婢					1168	0433	0538				0996	0959			
	女部	奴	1406				1169	0434	0539	0683		0897	0997	0960	0537		0527
	女部	始	1407		0350	0299	1170		0540	0684	0825	0898	0998	0961	0538	0478	
	女部	媚	1408				1171										
	女部	好	1409		0351		1172	0435	0541	0685							
	女部	委	1410								0826	0899					0528

卷數	部名	被檢字	（一）睡虎地秦簡	（二）放馬灘秦簡	（三）周家臺秦簡	（四）龍崗秦簡	（五）張家山漢簡	（六）鳳凰山漢簡	（七）孔家坡漢簡	（八）尹灣漢簡	（九）武威漢簡	（十）居延漢簡	（十一）居延新簡	（十二）敦煌漢簡	（十三）額濟納漢簡	（十四）武威醫簡	（十五）東牌樓漢簡
第十二	女部	婧						0436									
	女部	姂															0529
	女部	婺							0542								
	女部	如	1411	0228	0352	0300	1173		0543	0686	0827	0900	0999	0962	0539	0479	0530
	女部	嬐					1174										
	女部	侑									0828重						
	女部	嬰	1412					0437				0901		0963		0480	
	女部	娉											1000				
	女部	孌												0964			
	女部	妨										0902					
	女部	婁	1413		0353				0544								
	女部	奸	1414				1175		0545								
	女部	姦					1176					0903	1001	0965	0540		
	女部	娜														0481	
	女部	⿰女反						0438									
	女部	娫															0531
	女部	妬	1415							0687							
	女部	妰							0546								
	女部	⿰女忌												0966			
	女部	媀							0547								
	女部	⿰女暴									0829						
	毋部	毋	1416	0229	0354	0301	1177	0439	0548	0688	0830	0904	1002	0967	0541	0482	
	民部	民	1417				1178		0549	0689	0831	0905	1003	0968	0542		0532
	丿部	弗	1418	0230	0355	0302	1179		0550		0832	0906					
	厂部	弋	1419			0303			0551								
	乁部	也	1420	0231	0356	0304	1180		0552	0690	0833	0907	1004	0969	0543	0483	0533
	氏部	氏	1421		0357		1181	0440		0691		0908	1005	0970		0484	
	氐部	氐	1422				1182					0909					

第十二	戈部	戈	1423							0692							
	戈部	戟	1424		0358				0553				1006			0485	
		戎	1424		0358				0553				1006				
		找														0485	
	戈部	戟	1425					0441									
	戈部	賊	1426			0305	1183			0693		0910	1007	0971			0534
	戈部	戍	1427				1184					0911		0972	0544		
	戈部	戰	1428		0359		1185		0554								0535
	戈部	戲	1429				1186										
	戈部	或	1430			0306	1187		0555		0834		1008		0545		
	戈部	域												0973重			
	戈部	截													0546		
		截													0546		
	戈部	𢦏					1188										
		戋					1188										
	戈部	武	1431				1189			0694	0835	0912	1009	0974	0547		
		戎									0835						
	戉部	戚										0913					
	我部	我	1432						0556	0695	0836		1010	0975			0536
	我部	義	1433				1190			0696	0837	0914	1011	0976	0548		0537
	我部	羛					1191重										
	珡部	琴											1012				
	珡部	瑟									0838	0915					
	乚部	直	1434		0360	0307	1192	0442	0557	0697	0839	0916	1013	0977	0549	0486	0538
	亾部	亾	1435	0232	0361	0308	1193	0443	0558	0698		0917	1014	0978	0550		0539
		亡						0443									
	亾部	乍	1436														
	亾部	望								0699							
	亾部	無	1437				1194				0840		1015			0487	0540
	亾部	无	1438重														
	匸部	區										0918	1016				0541

卷數	部名	被檢字	（一）睡虎地秦簡	（二）放馬灘秦簡	（三）周家臺秦簡	（四）龍崗秦簡	（五）張家山漢簡	（六）鳳凰山漢簡	（七）孔家坡漢簡	（八）尹灣漢簡	（九）武威漢簡	（十）居延漢簡	（十一）居延新簡	（十二）敦煌漢簡	（十三）額濟納漢簡	（十四）武威醫簡	（十五）東牌樓漢簡
第十二	匚部	匿	1439			0309	1195			0700			1017				
	匚部	匧	1440														
	匚部	匽	1441				1196						1018				
	匚部	匹	1442				1197	0444				0919	1019	0979	0551		
	匚部	匠	1443				1198										
	匚部	匧	1444														
	匚部	篋					1199重	0445				0920重	1020重				
		莢						0445									
	匚部	匡								0701		0921	1021	0980			
	匚部	匜									0841						
	匚部	匴	1445														
	匚部	匪									0842				0552		
		匡									0842						
	匚部	匱					1200										
	匚部	匣					1201										
	匚部	匰									0843						
	匚部	匲						0446									
	曲部	曲	1446				1202		0559	0702		0922	1022	0981			
	甾部	畚	1447														
	瓦部	瓦	1448		0362			0447	0560		0844	0923			0553		
	瓦部	甄					1203				0845						
	瓦部	甑									0846		1023				
	瓦部	甗						0448									
	瓦部	甖						0449									
	弓部	弓	1449			0310				0703	0847	0924	1024	0982		0488	
	弓部	張	1450		0363		1204	0450		0704	0848	0925	1025	0983	0554	0489	0542
		张								0704		0925	1025	0983	0554		0542
	弓部	彃	1451			0311					0849	0926	1026		0555		

第十二		彊	1451														
	弓部	引	1452		0364		1205			0705	0850						
		弓									0850						
	弓部	弘					1206					0927					0543
	弓部	弩	1453			0312	1207					0928	1027	0984	0556		0544
	弓部	彈														0490	0545
		弾														0490	
	弓部	發	1454		0365		1208		0561	0706	0851	0929	1028	0985	0557	0491	0546
	弓部	彌												0986			
	弜部	弼															0547
	弦部	弦	1455							0707	0852	0930	1029	0987	0558		
	系部	孫	1456				1209		0562	0708	0853	0931	1030	0988		0492	
		孙								0708							
	系部	繇	1457				1210			0709	0854						
	系部	由								0710重	0855重			0989重			
第十三	糸部	糸								0711		0932	1031	0990	0559	0493	
	糸部	繭	1458														
	糸部	繹	1459														
	糸部	緒						0451									
	糸部	純						0452			0856			0991			
	糸部	經	1460				1211							0992			0548
	糸部	織	1461														
	糸部	緯										0933					
	糸部	績												0993			
	糸部	統									0857						
	糸部	紀	1462				1212			0712		0934	1032				0549
	糸部	紿				0313	1213										
	糸部	納									0858		1033				
	糸部	紡	1463														
	糸部	絶	1464	0233	0366	0314	1214		0563	0713	0859	0935	1034	0994		0494	0550
	糸部	繼									0860						

卷數	部名	被檢字	（一）睡虎地秦簡	（二）放馬灘秦簡	（三）周家臺秦簡	（四）龍崗秦簡	（五）張家山漢簡	（六）鳳凰山漢簡	（七）孔家坡漢簡	（八）尹灣漢簡	（九）武威漢簡	（十）居延漢簡	（十一）居延新簡	（十二）敦煌漢簡	（十三）額濟納漢簡	（十四）武威醫簡	（十五）東牌樓漢簡
第十三	糸部	纘	1465													0495	
	糸部	縱	1466			0315	1215						1035	0995			
	糸部	細	1467		0367				0564			0936	1036	0996		0496	
	糸部	繙					1216										
	糸部	級	1468				1217			0714		0937	1037		0560		
	糸部	總	1469								0861						
	糸部	約	1470		0368		1218	0453		0715		0938	1038	0997	0561		0551
	糸部	纏	1471					0454	0565								
	糸部	結	1472		0369		1219		0566		0862						
	糸部	縛	1473				1220			0716				0998			
	糸部	給	1474			0316	1221	0455				0939	1039		0562		
	糸部	紳									0863						
	糸部	紈								0717							
	糸部	終	1475			0317		0456	0567	0718	0864	0940	1040	0999	0563	0497	
	糸部	繒	1476				1222	0457		0719				1000			
	糸部	綺						0458		0720							
	糸部	縠														0498	
	糸部	縑					1223	0459		0721							
	糸部	練								0722	0865	0941					
	糸部	縞					1224	0460									
	糸部	纚											1041				
	糸部	縵	1477				1225										
	糸部	繡						0461		0723							
	糸部	絹					1226			0724							
	糸部	綠						0462		0725				1001			
	糸部	縹								0726							
	糸部	絳										0942	1042	1002			
	糸部	綰	1478					0463				0943					

第十三	糸部	緹	1479							0727				1003			
	糸部	縓									0866						
	糸部	紫						0464									
		紕						0464									
	糸部	紅	1480												0564		
	糸部	紺					1227							1004			
	糸部	綦	1481重					0465重						1005重			
	糸部	緇									0867						
	糸部	纔					1228										
	糸部	繻								0728	0868		1043				
	糸部	纓									0869						
	糸部	緌									0870						
	糸部	綬									0871						
	糸部	組	1482							0729		0944					
	糸部	紐										0945					
	糸部	綸								0730							
	糸部	繐									0872						
	糸部	紟								0731							
	糸部	絵					1229重										
	糸部	緣	1483				1230	0466			0873				0565		0552
	糸部	綺						0467		0732		0946		1006			
	糸部	縷									0874						
	糸部	[illegible]									0875重						
	糸部	繕	1484					0468					1044	1007			
	糸部	纍					1231	0469					1045	1008	0566		0553
		累											1045	1008	0566		0553
	糸部	緱					1232										
	糸部	繩					1233			0733	0876	0947	1046	1009	0567		
	糸部	約									0877						
	糸部	編										0948	1047	1010			
	糸部	維					1234		0568		0878						

卷數	部名	被檢字	（一）睡虎地秦簡	（二）放馬灘秦簡	（三）周家臺秦簡	（四）龍崗秦簡	（五）張家山漢簡	（六）鳳凰山漢簡	（七）孔家坡漢簡	（八）尹灣漢簡	（九）武威漢簡	（十）居延漢簡	（十一）居延新簡	（十二）敦煌漢簡	（十三）額濟納漢簡	（十四）武威醫簡	（十五）東牌樓漢簡
第十三	糸部	顈					1235										
		纇					1235										
	糸部	紖					1236										
	糸部	繘			0370												
	糸部	繳					1237										
	糸部	緍	1485														
	糸部	絮	1486				1238			0734		0949	1048	1011	0568	0499	
	糸部	絡	1487				1239					0950					
	糸部	絖									0879重						
	糸部	紙	1488														
	糸部	繫								0735		0951					
	糸部	績						0470						1012	0569		
	糸部	絺					1240				0880						
	糸部	綌												1013			
	糸部	緰	1489						0569								
	糸部	絰									0881						
	糸部	絜	1490				1241				0882	0952	1049	1014	0570		
	糸部	繆	1491										1050		0571		
	糸部	綏											1051		0572		
	糸部	紦							0570								
	糸部	紸													0573		
		紶													0573		
	糸部	絎	1492														
	糸部	紗						0471									
	糸部	紋	1493														
	糸部	絬	1494														
	糸部	緎												1015			
	糸部	絈								0736							

第十三	糸部	絪						0472		0737							
	糸部	縱									0883						
	糸部	縛	1495														
	糸部	纍	1496														
	糸部	纑								0738							
	素部	素					1242	0473			0884		1052				
	素部	緩	1497重				1243重					0953重					
	絲部	絲	1498					0474	0571								
	率部	率								0739		0954	1053	1016			
	虫部	虫	1499		0371		1244		0572	0740						0500	
		蝕														0500	
	虫部	蛸					1245										
	虫部	雖	1500				1246		0573		0885		1054	1017		0501	0554
	虫部	强	1501				1247		0574	0741		0955	1055		0574		0555
	虫部	蜀	1502				1248							1018	0575	0502	
	虫部	蠪	1503														
	虫部	蟬												1019			
	虫部	蚩	1504														
	虫部	蝕	1505														
	虫部	蟄						0475									
	虫部	蚤	1506														
	虫部	蠢	1507														
	虫部	蠯														0503	
	虫部	蠹					1249										
	䖵部	䖵	1508														
	䖵部	蠶			0372					0742						0504	
		蠿														0504	
		蠥			0372												
		蠿								0742							
	䖵部	蚤	1509重				1250重		0575重	0743重	0886重	0956重	1056重		0576重		
	䖵部	蝨					1251										

卷數	部名	被檢字	（一）睡虎地秦簡	（二）放馬灘秦簡	（三）周家臺秦簡	（四）龍崗秦簡	（五）張家山漢簡	（六）鳳凰山漢簡	（七）孔家坡漢簡	（八）尹灣漢簡	（九）武威漢簡	（十）居延漢簡	（十一）居延新簡	（十二）敦煌漢簡	（十三）額濟納漢簡	（十四）武威醫簡	（十五）東牌樓漢簡
第十三		螽					1251										
	䖵部	蠭												1020			
	䖵部	蠹	1510														
	䖵部	蜜															0556重
	䖵部	蝱											1057	1021	0577	0505	
		虻											1057	1021	0577	0505	
	蟲部	蟲	1511														
	蟲部	蜚					1252重			0744重							
	風部	風	1512	0234		0318	1253		0576	0745			1058	1022		0506	
	它部	它	1513	0235		0319	1254		0577			0957	1059	1023	0578		
	它部	蛇	1514重				1255重						1060重			0507重	
		虵														0507重	
	龜部	龜						0476									
	黽部	鼈	1515														
	黽部	鼂	1516														
	卵部	卵	1517				1256	0477									
	卵部	毈	1518														
	二部	二	1519	0236	0373	0320	1257	0478	0578	0746	0887	0958	1061	1024	0579	0508	0557
	二部	弍															0558重
	二部	亟	1520		0374	0321	1258		0579	0747			1062	1025	0580		
	二部	恆	1521				1259										
	二部	亘									0888						
	二部	凡	1522	0237	0375		1260	0479	0580	0748	0889	0959	1063	1026	0581	0509	0559
	土部	土	1523	0238	0376		1261	0480	0581		0890	0960	1064	1027	0582		0560
		圡										0960		1027	0582		
	土部	地	1524		0377		1262	0481	0582	0749	0891	0961	1065	1028	0583	0510	
	土部	均	1525									0962			0584		
	土部	壤	1526														

第十三	土部	塊									0892重						
	土部	基									0893						
	土部	垣	1527		0378	0322	1263		0583					1029			
	土部	堵	1528							0750							
	土部	壁	1529				1264										
	土部	埒											1066				
	土部	堪	1530														
	土部	堂	1531				1265				0894		1067	1030			0561
		坣									0894			1030			0561
	土部	坫									0895						
	土部	墼												1031			
	土部	在	1532	0239		0323	1266	0482	0584		0896	0963	1068	1032	0585	0511	0562
		左				0323											
	土部	垔	1533			0324	1267		0585		0897	0964	1069	1033	0586	0512	
		尘										0964	1069	1033	0586	0512	
		圭												1033			
		坐														0512	
	土部	坐						0483重									
	土部	堤	1534														
	土部	封	1535			0325	1268			0751	0898	0965	1070		0587		0563
	土部	璽	1536				1269				0899						
	土部	墨	1537				1270	0484		0752							
	土部	垸						0485									
	土部	城	1538			0326	1271		0586	0753		0966	1071	1034	0588		
	土部	墊									0900						
	土部	增	1539				1272						1072	1035			
	土部	埤	1540														
	土部	塞	1541				1273					0967	1073	1036	0589	0513	
	土部	埱	1542														
	土部	壘					1274					0968					
	土部	垂	1543				1275										

卷數	部名	被檢字	（一）睡虎地秦簡	（二）放馬灘秦簡	（三）周家臺秦簡	（四）龍崗秦簡	（五）張家山漢簡	（六）鳳凰山漢簡	（七）孔家坡漢簡	（八）尹灣漢簡	（九）武威漢簡	（十）居延漢簡	（十一）居延新簡	（十二）敦煌漢簡	（十三）額濟納漢簡	（十四）武威醫簡	（十五）東牌樓漢簡
第十三		垔					1275										
		堙	1543														
	土部	塹					1276										
	土部	毀	1544重				1277重	0486重	0587重								
	土部	壞	1545			0327			0588		0901		1074	1037			
	土部	埃					1278										
	土部	圭							0589				1075			0514	
	土部	垂					1279				0902						
	土部	塗										0969	1076	1038新		0515	
		涂														0515	
	土部	坊								0754新							
	土部	圩	1546														
	土部	坽					1280										
	土部	堊													0590		
	土部	堆												1039			
	土部	垷					1281										
	土部	堠											1077				
	土部	塢											1078		0591		
	土部	塵											1079				
	土部	堰													0592		
	土部	墺									0903						
	土部	墦							0590								
	土部	壅							0591								
	土部	墼					1282										
	垚部	堯												1040			
	茸部	茸	1547										1080				
		蒽											1080				
	里部	里	1548			0328	1283	0487	0592	0755		0970	1081	1041	0593	0516	0564

第十三	里部	野		0240			1284	0488	0593		0904	0971	1082				
		壄		0240													
	里部	壄	1549重														
		埊	1549重														
	田部	田	1550	0241		0329	1285	0489	0594	0756	0905	0972	1083	1042	0594		0565
	田部	町				0330											
	田部	疇	1551			0331	1286										
	田部	畸	1552														
	田部	畞	1553重				1287重	0490重							0595重		
	田部	甸	1554								0906						
	田部	畦										0973					
	田部	畔				0332						0974					
	田部	畍	1555				1288			0757		0975	1084	1043			
		界					1288			0757		0975	1084	1043			
	田部	畛					1289										
	田部	畤					1290										
	田部	略					1291					0976	1085	1044	0596		
	田部	當	1556	0242	0379	0333	1292	0491	0595	0758	0907	0977	1086	1045	0597	0517	0566
	田部	畱	1557				1293	0492		0759	0908	0978	1087	1046	0598	0518	0567
		畄														0518	
		留															0567
	田部	畜	1558	0243	0380		1294	0493	0596			0979	1088	1047	0599		
	田部	暘	1559														
	黃部	黃	1560	0244	0381		1295	0494	0597	0760	0909	0980	1089	1048		0519	0568
	男部	男	1561	0245	0382	0334	1296	0495	0598		0910	0981	1090	1049	0600	0520	0569
	男部	甥									0911						
	力部	力	1562				1297			0761		0982	1091	1050	0601	0521	0570
	力部	勳								0762			1092				
	力部	功					1298		0599	0763	0912	0983	1093	1051	0602	0522	0571
	力部	助	1563				1299					0984	1094	1052	0603		
	力部	勑											1095	1053			0572

卷數	部名	被檢字	（一）睡虎地秦簡	（二）放馬灘秦簡	（三）周家臺秦簡	（四）龍崗秦簡	（五）張家山漢簡	（六）鳳凰山漢簡	（七）孔家坡漢簡	（八）尹灣漢簡	（九）武威漢簡	（十）居延漢簡	（十一）居延新簡	（十二）敦煌漢簡	（十三）額濟納漢簡	（十四）武威醫簡	（十五）東牌樓漢簡
	力部	務	1564			0335							1096	1054			0573
	力部	勉	1565				1300		0600				1097	1055	0604		0574
	力部	勸					1301						1098	1056			0575
	力部	勝	1566		0383		1302	0496	0601		0913		1099	1057			0576
	力部	僗	1567		0384	0336	1303		0602								
		衞	1567		0384	0336	1303		0602								
	力部	動					1304						1100				
		動					1304										
	力部	勞	1568				1305					0985	1101	1058	0605		
第十三	力部	勤															0577
	力部	加									0914		1102	1059		0523	0578
	力部	勢	1569				1306			0764			1103				
	力部	恿	1570重									0986重	1104重			0524重	
	力部	劫					1307						1105				
	力部	飭	1571								0915						
	力部	劾	1572			0337	1308			0765		0987	1106	1060	0606		
	力部	募	1573				1309							1061			
	力部	辦						0497新				0988新	1107新	1062新			
	力部	勸	1574														
	金部	金	1575			0338	1310	0498	0603		0916	0989		1063	0607	0525	
	金部	鋈	1576														
	金部	鉛					1311										
	金部	錫									0917		1108	1064			
第十四	金部	銅	1577				1312					0990	1109	1065	0608	0526	
	金部	鐵	1578				1313		0604				1110	1066			
	金部	録										0991	1111		0609		0579
	金部	鑄					1314						1112				
	金部	銷					1315										

第十四	金部	錮					1316					0992					
	金部	鋏					1317										
	金部	鋌											1113				
	金部	鏡						0499		0766				1067			
		[illegible]						0499									
	金部	鍾									0918						
	金部	銚					1318					0993					
	金部	鋗										0994					
	金部	鐙										0995					
	金部	錯	1579				1319				0919				0610		
	金部	鍤						0500									
	金部	鉥	1580				1320										
	金部	鍼										0996					
	金部	鈹	1581									0997					
	金部	錍									0920						
	金部	鑿	1582						0605					1068			
	金部	銛								0767							
	金部	錢	1583		0385	0339	1321	0501	0606	0768		0998	1114	1069	0611	0527	0580
	金部	鉏										0999					
	金部	鎮										1000		1070			
	金部	釱											1115				
	金部	鋸										1001		1071			
	金部	錐	1584										1116	1072			
	金部	錘	1585														
	金部	鈞	1586				1322	0502			0921						
	金部	鐸	1587														
	金部	鐘	1588														
	金部	鈒								0769							
	金部	鏃										1002	1117		0612		
	金部	鎧											1118				
	金部	鎦								0770			1119		0613		0581

卷數	部名	被檢字	（一）睡虎地秦簡	（二）放馬灘秦簡	（三）周家臺秦簡	（四）龍崗秦簡	（五）張家山漢簡	（六）鳳凰山漢簡	（七）孔家坡漢簡	（八）尹灣漢簡	（九）武威漢簡	（十）居延漢簡	（十一）居延新簡	（十二）敦煌漢簡	（十三）額濟納漢簡	（十四）武威醫簡	（十五）東牌樓漢簡
第十四		劉								0770			1119		0613		0581
	金部	釣						0503									
	金部	鉅					1323				0922						
	金部	鈍								0771							
	金部	釪						0504									
	金部	鉈									0923						
	金部	釖					1324										
	金部	鉒												1073			
	金部	鉼										1003	1120		0614		
	金部	鍭									0924						
	金部	鍖												1074			
	金部	鍉											1121				
	金部	鐇													0615		
	勺部	勺									0925					0528	
	几部	几									0926		1122				
	几部	處	1589重		0386重		1325重		0607重	0772重		1004重	1123重	1075重	0616重		0582重
	且部	且	1590			0340	1326		0608	0773	0927	1005	1124	1076	0617	0529	0583
	且部	俎	1591				1327				0928						
	斤部	斤	1592				1328		0609			1006	1125	1077	0618	0530	0584
	斤部	斧	1593		0387				0610			1007	1126	1078	0619		
	斤部	斫	1594														
	斤部	斲	1595		0388		1329		0611								
		戰			0388												
	斤部	所	1596		0389	0341	1330	0505	0612	0774	0929	1008	1127	1079	0620	0531	0585
	斤部	斯						0506			0930					0532	
		斯														0532	
	斤部	斷	1597				1331									0533	
	斤部	新	1598		0390		1332	0507	0613		0931	1009	1128	1080	0621		0586

第十四	斤部	斲													0622		
	斗部	斗	1599	0246	0391	0342	1333	0508	0614	0775		1010	1129	1081	0623	0534	
	斗部	斛										1011	1130	1082			
	斗部	料	1600														
	斗部	魁					1334										
	斗部	升	1601		0392		1335	0509		0776	0932	1012	1131	1083	0624	0535	0587
	矛部	矛	1602				1336					1013					
	車部	車	1603		0393	0343	1337	0510	0615	0777	0933	1014	1132	1084	0625		0588
	車部	軺				0344		0511				1015					
	車部	輕	1604			0345	1338		0616	0778						0536	
	車部	輿	1605		0394	0346				0779							0589
	車部	輯					1339										
	車部	輒	1606		0395		1340						1133	1085	0626		0590
	車部	轖										1016					
	車部	軫	1607		0396												
	車部	軸											1134				
	車部	轂	1608														
	車部	轅	1609														
	車部	載	1610					0512			0934	1017	1135		0627		
	車部	軍	1611	0247			1341		0617	0780		1018	1136	1086	0628	0537	0591
	車部	轉	1612				1342	0513				1019	1137	1087	0629	0538	
	車部	輸	1613				1343	0514		0781		1020	1138	1088		0539	0592
	車部	輩					1344							1089	0630		
	車部	軌									0935						
	車部	軵					1345										
	車部	輪	1614														
	車部	斬	1615		0397	0347	1346				0936		1139	1090	0631		
	車部	輔			0398						0937	1021	1140	1091	0632		0593
	車部	軲	1616														
	車部	輻	1617														
	車部	⿱敖車	1618														

卷數	部名	被檢字	（一）睡虎地秦簡	（二）放馬灘秦簡	（三）周家臺秦簡	（四）龍崗秦簡	（五）張家山漢簡	（六）鳳凰山漢簡	（七）孔家坡漢簡	（八）尹灣漢簡	（九）武威漢簡	（十）居延漢簡	（十一）居延新簡	（十二）敦煌漢簡	（十三）額濟納漢簡	（十四）武威醫簡	（十五）東牌樓漢簡
第十四	自部	官	1619			0348	1347	0515	0618	0782	0938	1022	1141	1092	0633	0540	0594
	自部	陵	1620				1348	0516		0783		1023		1093			0595
	自部	陰	1621				1349		0619	0784		1024	1142	1094		0541	
	自部	陽	1622	0248	0399		1350	0517	0620	0785	0939	1025	1143	1095	0634		0596
	自部	陸	1623				1351	0518									
	自部	阿					1352					1026		1096			
	自部	阪	1624														
	自部	隅	1625						0621		0940						
	自部	險	1626				1353		0622								
	自部	陜					1354										
	自部	陷	1627									1027	1144				
	自部	⿰阝區									0941						
	自部	隤					1355										
	自部	降	1628				1356		0623		0942	1028	1145	1097			
	自部	阬	1629													0542	
	自部	防											1146				
	自部	隄	1630				1357		0624								
	自部	陘	1631														
	自部	附					1358						1147	1098	0635		0597
	自部	隱	1632				1359				0943						0598
		隐									0943						
	自部	陈												1099			
	自部	隃	1633														
	自部	陳	1634					0519		0786	0944	1029	1148	1100	0636		0599
		⿰車巴													0636		
	自部	陶		0249				0520			0945			1101			
	自部	除	1635	0250		0349	1360	0521	0625	0787	0946	1030	1149	1102	0637		0600
	自部	階									0947						

	自部	阼									0948						
	自部	陛	1636											1103			
	自部	陔									0949						
	自部	際					1361										
	自部	阹	1637														
	自部	院	1638				1362										
	自部	陌				0350											
		邵				0350											
	自部	陝	1639														
	自部	隫	1640														
	𨺅部	䦸										1031	1150	1104	0638		
		隧										1031	1150	1104	0638		
		隊										1031	1150	1104	0638		
	𨺅部	隧					1363重	0522重				1032重	1151重	1105重	0639重		
		隊						0522重				1032重	1151重	1105重	0639重		
第十四	四部	四	1641	0251	0400	0351	1364	0523	0626	0788	0950	1033	1152	1106	0640	0543	0601
	四部	亖								0789重	0951重	1034重	1153重		0641重		
	叕部	叕	1642														
	叕部	綴									0952						
	五部	五	1643	0252	0401	0352	1365	0524	0627	0790	0953	1035	1154	1107	0642	0544	0602
	六部	六	1644	0253	0402	0353	1366	0525	0628	0791	0954	1036	1155	1108	0643	0545	0603
	七部	七	1645	0254	0403		1367	0526	0629	0792	0955	1037	1156	1109	0644	0546	0604
	九部	九	1646	0255	0404	0354	1368	0527	0630	0793	0956	1038	1157	1110	0645	0547	0605
	九部	逵	1647重														
	内部	禽					1369				0957			1111			
	内部	萬	1648				1370	0528	0631	0794	0958	1039	1158	1112	0646		0606
	内部	禹	1649	0256	0405		1371		0632	0795		1040	1159	1113	0647	0548	
	内部	禼	1650														
	内部	离	1651														
	嘼部	獸	1652			0355					0959		1160				
		獸				0355											

卷數	部名	被檢字	（一）睡虎地秦簡	（二）放馬灘秦簡	（三）周家臺秦簡	（四）龍崗秦簡	（五）張家山漢簡	（六）鳳凰山漢簡	（七）孔家坡漢簡	（八）尹灣漢簡	（九）武威漢簡	（十）居延漢簡	（十一）居延新簡	（十二）敦煌漢簡	（十三）額濟納漢簡	（十四）武威醫簡	（十五）東牌樓漢簡
第十四	甲部	甲	1653	0257	0406	0356	1372	0529	0633	0796		1041	1161	1114	0648	0549	0607
	乙部	乙	1654	0258	0407	0357	1373	0530	0634	0797		1042	1162	1115	0649	0550	0608
	乙部	乾	1655		0408		1374				0960		1163	1116		0551	
	乙部	亂	1656		0409		1375					1043		1117			
	乙部	尤					1376		0635	0798		1044	1164	1118			
	乙部	乞															0609
	丙部	丙	1657	0259	0410	0358	1377		0636	0799		1045	1165	1119	0650		0610
	丁部	丁	1658	0260	0411		1378	0531	0637	0800	0961	1046	1166	1120	0651		
	戊部	戊	1659	0261	0412		1379	0532	0638	0801		1047	1167	1121	0652		0611
	戊部	成	1660	0262	0413		1380	0533	0639	0802	0962	1048	1168	1122	0653	0552	
	己部	己	1661	0263	0414		1381		0640	0803	0963	1049	1169	1123	0654	0553	0612
	巴部	巴					1382	0534								0554	
	庚部	庚	1662	0264	0415		1383	0535	0641	0804	0964	1050	1170	1124	0655		
	辛部	辛	1663	0265	0416		1384	0536	0642	0805		1051	1171	1125	0656	0555	
		辛										1051	1171	1125	0656	0555	
	辛部	辠	1664										1172				
	辛部	辜	1665				1385						1173				
	辛部	辥	1666														
	辛部	辤					1386				0965	1052	1174		0657		
	辛部	辭	1667														0613
	辡部	辯	1668				1387	0537			0966			1126			
	壬部	壬	1669	0266	0417		1388	0538	0643	0806		1053	1175	1127	0658		0614
	癸部	癸	1670	0267	0418		1389		0644	0807		1054	1176	1128	0659		
	子部	子	1671	0268	0419	0359	1390	0539	0645	0808	0967	1055	1177	1129	0660	0556	0615
	子部	字	1672				1391		0646		0968	1056	1178	1130			
	子部	㝅	1673														
	子部	孺												1131			
	子部	季	1674				1392	0540		0809	0969		1179	1132	0661		

第十四	子部	孟	1675		0420					0810		1057	1180	1133			
	子部	孳					1393										
		孶					1393										
	子部	孤	1676						0647	0811	0970		1181				0616
	子部	存	1677	0269			1394										0617
	子部	疑	1678		0421		1395			0812	0971		1182				
	子部	孖															0618
	子部	孃					1396										
	了部	了			0422												0619
	㐬部	育											1183	1134	0662		
	㐬部	疏	1679				1397	0541		0813	0972	1058	1184	1135			0620
		疎						0541			0972	1058	1184	1135			
	丑部	丑	1680	0270	0423		1398		0648	0814		1059	1185	1136	0663		0621
	丑部	羞	1681								0973						
	寅部	寅	1682	0271	0424	0360	1399	0542	0649	0815		1060	1186	1137		0557	0622
	卯部	卯	1683	0272	0425		1400	0543	0650	0816		1061	1187	1138	0664	0558	0623
	辰部	辰	1684	0273	0426		1401	0544	0651	0817		1062	1188	1139	0665	0559	
	辰部	辱	1685						0652	0818	0974	1063		1140			
	巳部	巳	1686	0274	0427	0361	1402	0545	0653	0819	0975	1064	1189	1141	0666	0560	0624
	巳部	㠯	1687	0275	0428	0362	1403	0546	0654	0820	0976	1065	1190	1142	0667	0561	0625
		以	1687	0275	0428	0362	1403	0546	0654	0820	0976	1065	1190	1142	0667	0561	0625
	午部	午	1688	0276	0429		1404		0655	0821	0977	1066	1191	1143	0668	0562	0626
	未部	未	1689	0277	0430	0363	1405		0656	0822		1067	1192	1144	0669	0563	0627
	申部	申	1690	0278	0431	0364	1406	0547	0657	0823	0978	1068	1193	1145	0670		0628
	申部	臾	1691				1407				0979		1194			0564	
	申部	曳										1069					
	酉部	酉	1692	0279	0432		1408		0658	0824		1070	1195	1146	0671	0565	0629
	酉部	酒	1693		0433		1409	0548			0980	1071	1196	1147	0672	0566	0630
	酉部	醴	1694														0631
	酉部	醪						0549									
	酉部	醇														0567	

卷數	部名	被檢字	（一）睡虎地秦簡	（二）放馬灘秦簡	（三）周家臺秦簡	（四）龍崗秦簡	（五）張家山漢簡	（六）鳳凰山漢簡	（七）孔家坡漢簡	（八）尹灣漢簡	（九）武威漢簡	（十）居延漢簡	（十一）居延新簡	（十二）敦煌漢簡	（十三）額濟納漢簡	（十四）武威醫簡	（十五）東牌樓漢簡
第十四	酉部	酤						0550									
		䤈						0550									
	酉部	配									0981						
	酉部	酌									0982						
	酉部	醉									0983						
	酉部	醫	1695									1072	1197		0673	0568	
	酉部	莤					1410										
	酉部	酸														0569	
	酉部	酢	1696								0984					0570	
	酉部	醬	1697				1411	0551			0985						
	酉部	醢									0986						
		醓									0986						
	酉部	酳									0987						
		䣱									0987						
		䤂									0987						
	酉部	酓							0659								
	酉部	酭									0988						
	酉部	䤆					1412										
	酉部	䤏									0989						
	酋部	酋											1198				
	酋部	尊	1698重				1413重			0825重	0990重	1073重	1199重	1148重	0674重		
	戌部	戌	1699	0280	0434		1414	0552	0660	0826		1074	1200	1149	0675		0632
	亥部	亥	1700	0281	0435		1415		0661	0827	0991	1075	1201	1150	0676		

後 記

秦漢是漢字形體巨變的時期，今從出土文獻可知，至西漢晚期，隸變已完成，如武威漢簡已是典型的成熟隸書了；至東漢末三國時期，楷書已基本成熟，如三國吴簡已是“準楷書”了，僅一些字的横畫還略有點蠶頭燕尾的意味；到了西晉初，楷書就完全成熟了。所以，全面清理秦漢簡帛的字形，無論是對於漢字史的研究，還是對於書法史的研究和文化史的研究，都具有十分重大的意義。

有鑒於此，我很早就有全面清理秦漢簡帛字形的計劃，二〇〇四年便帶着研究生陳榮傑試着對武威漢簡字形進行彙編，當時仍稱“武威漢簡文字編”。隨着此項工作的深入和經驗的積累，我們認爲，在編纂字形彙編時，應當對已全部刊佈的簡帛逐批進行清理，不光要清理每一字的形體，將不同的代表字形按一定的邏輯順序進行有機排列，而且還應當清理每一字出現的頻率，全面反映所編纂材料字形全貌，構成字形譜系，所以我們稱自己的字形彙編成果爲“字形譜”。

我們將二〇一六年六月以前已全部刊佈的簡牘，全部納入編纂范圍[①]，於是陸續編纂出了十五部字形譜，其中秦簡四部，漢簡十一部。原本計劃也一併編纂帛書字形譜，然後來得知復旦大學劉釗先生的二〇一〇年國家社科基金重大項目“馬王堆漢墓簡帛字詞全編”將編纂字編，故放棄了編纂帛書字形譜的打算。

書稿的出版早在十年前就已與中華書局談妥了，但由於遲遲不能殺

① 至於二〇一六年六月以後刊佈的簡牘的字形彙編工作，只有留待日後爲之或學界來共同努力了。

青，拖至二〇一九年才交稿，後又應編輯的要求，進行不斷緊張地修改，所以直至現在，才即將付梓。當初開始編纂工作時，以爲幾年時間即可完成，誰知此項工作竟然一做就是二十年，古人云“十年磨一劍”，而我們花了二十年時間，也未能磨出一把滿意的劍。

因爲簡牘的整理報告都是照片，簡牘字圖有底色，甚至有很濃的底色，故我們對擬入編字形，首先運用電腦軟件進行脱底色處理，既要努力凸顯字形，清晰展現簡牘文字的筆畫，又要保證字形不失真，真實反映書寫時的原貌。這一工作量是十分巨大的，有些比較複雜的字形處理特别費時費力，往往一個字至少需要二三十分鐘，有些難處理的字形需要四五十分鐘甚至更長，整個字形處理的時間要佔字形彙編總工作量的三分之二以上。有時由於長期整天處理字形，致使握鼠標的手都腫脹了，其辛苦程度可想而知。所以我在拙著《吐魯番出土文書字形全譜》的《後記》中曾説過：“編製字形譜這一類工作，是聰明人不做、笨人做不了的事。”[①]不過，由於這一工作有益於學術研究，我們仍然願意爲之。

本字形譜開始編纂時，我曾向李學勤先生匯報有關想法，得到李先生的大力肯定，并答應出版時爲本書寫序，然而，李先生已歸道山，已無緣於序。不過，我們會在先生的治學精神引領下，繼續耕耘於出土文獻特别是簡帛文獻這塊沃土。先生在世勞累，愿先生在天安息。

本字形譜的作者及其現在所在單位如下：張顯成，昆明學院/西南大學；王丹，廣西師範大學；李燁，昆明學院；高魏，廣西師範大學；劉國慶，興義民族師範學院；雷長巍，長沙簡牘博物館；滕勝霖，四川大學；高明，湖州學院；楊艷輝，重慶郵電大學；陳榮傑，西南大學；趙久湘，長江師範學院。

本字形譜在漫長的編纂過程中，還有不少研究生做了大量的工作，主要有：許紅梅、張茂發、黄偉鋒、葉聲波、邱晨、楊繼文、高二焕、朱芳、劉飛飛。在此特向他們表示感謝！

---

① 張顯成主編《吐魯番出土文書字形全譜》，第八一一頁，四川辭書出版社，二〇二〇年。

書稿交中華書局後，徐真真編輯花了很多心血，提出了很多寶貴的修改完善意見，也一併表示真誠的謝意！

由於我們編纂的範圍是二〇一六年六月以前已全部刊佈的簡牘，其中圖版不太清楚甚至很不清楚的簡牘如放馬灘秦簡之類自然也必須納入編纂範圍，這就使得編纂的難度增加，特别是對簡文結構筆畫的判定的難度增大；再者，簡帛的釋讀本來往往就是一項無休止的工作，字形彙編的成果也同樣不可能是盡善盡美的成果，所以，我們這套《秦漢簡牘系列字形譜》自然還有不少問題，敬請學界諟正。

張顯成

二〇二四年六月二十五日於西南大學竭駑齋